高等学校

「探究的な学習」の評価

ポートフォリオ、検討会、ルーブリックの活用

西岡加名恵＋大貫 守 編著

　2018年改訂の高等学校学習指導要領では、「豊かな創造性を備え持続可能な社会の創り手となることが期待される生徒に、生きる力を育むこと」が目指されている。また、「総合的な学習の時間」が「総合的な探究の時間」に変更されるとともに、「理数探究基礎」と「理数探究」が新設された。これらにおいては、生徒自身が課題を設定し、情報を収集し、整理・分析、まとめ・表現するというサイクルを繰り返すという「探究的な学習」を進めることが期待されている。

　「探究的な学習」は、従来からSSHやSGHなどの高等学校において「総合的な学習の時間」や「理科課題研究」などで行われてきた。しかし、実際に取り組まれている先生方からは、どのように評価を行い、指導や学習の改善につなげればよいのかに悩んでいる、という声を聞くことも少なくない。本書は、そのようなお悩みを解決する一助となることを目指すものである。

　第1章では、カリキュラムにおける「探究的な学習」の位置づけを確認するとともに、「探究的な学習」の目標と評価、ならびに評価を活かした指導の在り方について、基本的なポイントを解説している。また、ポートフォリオ評価法の進め方、グループでの活動に関する評価、ルーブリックの作り方について説明している。さらに、教科教育と「探究的な学習」の関係性、ならびに高大接続における「探究」の意義についても論じる。

　第2章では、「探究的な学習」に先進的に取り組んでこられた先生方に実践をご報告いただいている。アカデミックな論文を仕上げることに主眼を置くものから、フィールドで地域の問題解決に貢献することを目指すものまで、高等学校では多彩な「探究」が展開されている。しかしながら、いずれの実践においても、先生方は、生徒たちの「探究」のプロセスを適切に捉えつつ、臨機応変に指導に当たられている。また、特に第2・3節では、パフォーマンス課題を用いることで、教科での学習と「探究的な学習」とを響

き合わせつつ「探究」の深まりを生み出している様子をご報告いただいている。

　第3章では、近畿・北陸のSSH 8校が連携して開発した「標準ルーブリック」について紹介している。学校を超えて「標準ルーブリック」を作ろうと考えた意図や、その開発プロセスを振り返るとともに、「標準ルーブリック」を使うと、どのように生徒たちの実態が捉えられ、指導の改善に役立つのかについて、高校の先生方に解説をいただいている。

　私自身、「探究的な学習」の評価については、本書の執筆者となっていただいた先生方をはじめとする様々な学校の先生方との共同研究を通して理解を深めてきた、というのが実感である。紙面に限りがあるため、すべての方々のお名前をあげることはできないものの、心より感謝を申し上げたい。

　本書に収録している原稿の大半は、雑誌『月刊高校教育』の連載「『探究』を評価する」（2020年度〜2021年度）に掲載したものである。しかし、本にまとめるのに際して、特に第1章（理論編）については、大幅な加筆・修正を行った。連載から本の刊行にいたるまで、全面的に支えてくださった学事出版の二井豪氏に厚く御礼申し上げたい。なお、本書にまとめている研究については、科学研究費補助金（18H00976、19H01628、20K13847、20K13847＋＋）の助成を受けた。

　「探究的な学習」には、生徒たちに問題解決の力を育てるだけでなく、生徒たちのアイデンティティ形成を助ける可能性もある。本書の知見が、「探究的な学習」の充実につながることを祈念している。

　2023年3月

西岡 加名恵

目次

「探究的な学習」の指導と評価

プロローグ

大貫 守

2018年の学習指導要領の改訂では教科・科目構成や領域名称の見直しが行われた。例えば、「総合的な探究の時間」の開設や、「古典探究」や「日本史探究」などといった探究科目の新設はその一例である。このような教科・科目構成の見直しは、高等学校の教育課程全体について「探究」を軸に組み換え、従来の受動的な学習からの転換を図ることが狙いとされている。

この高校教育の転換期において、「探究的な学習」の定着は必ずしも円滑に進むものではなく、学校現場では導入に際して少なからず混乱が生じていることも事実である。例えば、「総合的な探究の時間」の実施に向けた指導や評価に係る研修では先生方から次のような問いが頻繁に投げかけられる。

① 教科の探究と「総合的な探究の時間」の探究はどのように異なるのか
② 探究を通して生徒にどのような力をつければよいか
③「探究的な学習」で目標と指導と評価の一体化がいかに実現されるのか
④「探究的な学習」で生徒に協働性などの資質・能力を育むにはどのように指導や評価をしたらよいのか。
⑤ グループで「探究的な学習」に取り組んだ場合、どのように指導や評価を構想すればよいのか
⑥「探究的な学習」で形成的評価や総括的評価はどのように実現されるのか
⑦ ポートフォリオを指導や評価にどのように活用すればよいのか
⑧「探究的な学習」を通して身につけた資質・能力をどのように評価をしたらよいのか
⑨ 教育課程の中に「探究的な学習」をどのように位置づけたらよいのか
⑩ 大学入試に向けた学習と「探究的な学習」は両立するのか

いずれの問いも学校現場ではよく耳にする問いであり、高等学校で「探究

的な学習」に取り組んだことがある先生ならば、上記の10個の問いの全てではないとしても、これらのどれかを疑問として抱いたことがあるだろう。

　本章では国内外の理論を下敷きとしつつ、上記の問いに対する一つの見方や考え方（道標）を提供することを目的とする。まず第1節では、「探究的な学習」について、その教育課程上の位置づけ、目標や指導、そして評価に関する全体的なイメージや相互の関係性を提示する。

　第2節以降ではより具体的なトピックに即して「探究的な学習」を捉える。生徒が「探究的な学習」に取り組んでいても、そこでの目標や指導方法、評価方法は必ずしも一様のものではない。そこで第2節や第3節では、主に「総合的な探究の時間」における目標や指導の類型、評価方法について検討する。

　「探究的な学習」を構想する際、目標と指導と評価の役割が意識され、各々が十分に機能するように結び付けられることで豊かな学習が達成される。そこで、第4節では小学校や中学校の「総合的な学習の時間」で先駆的に取り組まれてきたポートフォリオを軸とした探究の指導について考察する。

　「探究的な学習」を行う場合には、個人の興味や関心に従って研究課題が設定される。だが、研究課題の内容や指導の環境などによっては必ずしも個人ではなく、集団で探究が行われることがある。第5節では、グループに焦点を合わせ、集団を活かした「探究的な学習」の指導や評価のあり方に迫る。

　第6節では日々の行動観察や成果物にもとづく評価を充実させる方策として、ルーブリックによる評価の考え方について概観する。このルーブリックを用いた「探究的な学習」の評価の具体については第3章において詳述する。

　ところで、「探究的な学習」は「総合的な探究の時間」のみで成立するものではない。学校の教育課程は教科領域を含む複数の領域から構成され、これらが響き合うことで教育目的が達成される。そこで、第7節では「探究的な学習」と教科等との関わりや相互環流のあり方について言及する。

　最後に第8節では、後期中等教育改革のもう一つの柱である大学入試改革の動向を視野に入れ、「探究的な学習」との関わりについて検討する。

カリキュラムにおける 「探究的な学習」の 位置づけと評価

第1章
理論編
―
1

西岡 加名恵

　2018年改訂の高等学校学習指導要領では、「総合的な学習の時間」が「総合的な探究の時間」に変更された。また、2009年改訂学習指導要領では理科の中に「理科課題研究」がおかれていたのに対し、2018年改訂版では理数教育の充実をめざすために「理数探究基礎」と「理数探究」が新設された。教科・科目構成も見直され、国語では「古典探究」、地理歴史科では「地理探究」「日本史探究」「世界史探究」が新設されている。このように2018年改訂学習指導要領では、生徒たちを「生涯にわたって探究を深める未来の創り手として送り出していく」ことが重視されている。

　今回は、これらの「探究」に関わる科目等のカリキュラムにおける位置づけを確認するとともに、「総合的な探究の時間」などの「探究的な学習」において評価をする上での基本的な考え方を確認しよう。

2018年改訂学習指導要領における「探究」の2タイプ

　『高等学校学習指導要領（平成30年告示）解説』においては、図1-1のように、「探究」における生徒の学習の姿が説明されている。この図が示す通り、「総合的な探究の時間」では、生徒自身が課題を設定し、情報を収集し、整理・分析、まとめ・表現するというサイクルを繰り返す学習が想定されている。同様の図は「総合的な学習の時間」においても示されていた。ただし、「総合的な学習の時間」では「課題を設定し、解決していくことで、自己の

図1-1 「探究」における生徒の学習の姿

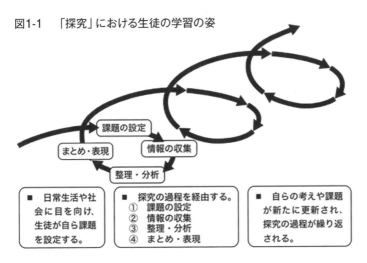

文部科学省『高等学校学習指導要領（平成30年告示）解説　総合的な探究の時間編』2018年、p.12。

生き方を考えていく」ことが期待されていたのに対し、「総合的な探究の時間」では「自己の在り方生き方と一体的で不可分な課題を発見し、解決していく」ことが期待されている、と説明されている。

　一方、各教科における「探究」科目は、「当該の教科・科目における理解をより深めるために、探究を重視する方向で見直しが図られたもの」である。「総合的な探究の時間」で行われる「探究」は、①探究の対象や領域が、「特定の教科・科目等に留まらず、横断的・総合的」であり、②「複数の教科・科目等における見方・考え方を総合的・統合的に働かせて探究する」、また③「解決の道筋がすぐには明らかにならない課題や、唯一の正解が存在しない課題に対して、最適解や納得解を見出すことを重視している」。それに対し、各教科における「探究」科目は、教師があらかじめ設定した狭い範囲での「探究」が想定されていると言えるだろう。そのような形で「探究」の練習を行うことによって「教科・科目等における見方・考え方」を身に付け、それらを総合しつつ「総合的な探究の時間」で本格的な探究に取り組むことが期待されていると考えられる。

　なお、「総合的な探究の時間」についてはすべての生徒に履修させるもの

とされている。しかしながら、「理数の『理数探究基礎』又は『理数探究』の履修により、総合的な探究の時間の履修と同様の成果が期待できる場合においては、『理数探究基礎』又は『理数探究』の履修をもって総合的な探究の時間の履修の一部又は全部に替えることができる」と説明されている。また、職業教育を主とする専門学科についても、「課題研究」等で同様の成果が期待できる場合は、「総合的な探究の時間の履修の一部又は全部に替えることができる」と記載されている。つまり、「総合的な探究の時間」、「理数探究基礎」「理数探究」、「課題研究」等は、生徒自身が課題設定に取り組む点で、相互にかなり類似の性格をもったものとして位置づけられている。したがって、これらの時間や科目における「探究的な学習」と、その他の教科の「探究」科目とでは、カリキュラム上において異なる位置づけが与えられていると言えるだろう。

本書では、以下、「総合的な探究の時間」、「理数探究基礎」・「理数探究」、「課題研究」等において期待されているような、生徒自身が課題設定を行う「探究的な学習」に焦点を合わせる。

「探究的な学習」の様々な展開

さて、実際に高等学校で取り組まれている多様な実践を見ると、「探究的な学習」にも、様々なタイプがあることがわかる。

● 理系の探究

スーパーサイエンスハイスクール (SSH) で取り組まれている課題研究は、多くの場合、理科や数学など自然科学系の領域における探究であるが、そのなかだけでも、「仮説―検証」型、「探究法・実験法・測定法開発」型、「制作・合成」型、「実地・調査」型、「論証・証明」型、「文献研究」型がある、と指摘されている (表1-1参照)。

表1-1　課題研究の類型（試案）

	類型	研究の手続きの概要
1	「仮説―検証」型	先行研究等（論文や文献など）を精査し、そこから導かれた仮説を検証する実験等を行い、仮説の妥当性を検討する。
2	「探究法・実験法・測定法開発」型	興味ある対象を調べる手段を得るために、調査・実験・測定法・測定装置を開発し、観測等を行う。
3	「制作・合成」型	先行研究等から既存のシステムが抱える問題点を明らかにし、制約・成功条件を明確にして解決策をデザインし、検証実験等で妥当性を検討する。
4	「実地・調査」型	仮説を設定せずにフィールドに赴き、そこで生起している現象を記述し、モデル化することで課題を発見し、3の方法を用いながら解決を目指す。
5	「論証・証明」型	特定の定理や恒等式を論証するために、解決にむけた方針を立て、既知の証明等を用いて計算し、論究する。
6	「文献研究」型	特定の人物や事柄を対象に、文献を読み込み、人物や事柄の理解を深めたり、課題を見出したり、特定の主張を論点に即して論証したりする。

大阪教育大学附属高等学校天王寺校舎主催SSH課題評価研究会（2016年1月30日実施）で得られた知見をもとに大貫守氏が作成。大貫守・福嶋祐貴「探究的な学習の評価のポイント」西岡加名恵編著『「資質・能力」を育てるパフォーマンス評価』明治図書、2016年、p.113。

● 文系の探究：量的研究と質的研究

　また、スーパーグローバルハイスクール（SGH）などで展開されている文系の探究に目を転じると、自然科学とは異なる論理に基づいた探究が行われている。もちろん人文科学や社会科学においても、統計などを用いた量的研究は行われる。そこでは、それまでに得られている理論に基づきつつ、実証的に検証できるような仮説的なモデルが構築される。調査対象をサンプリングしたうえでデータを集め、得られたデータを解釈することで、当初設定した仮説の妥当性が検証される。

　しかしながら一方で、量的研究については限界も指摘されている。たとえば、特殊な事例を扱う場合には統計的な方法が使えない。また、社会的現象は通常、複雑に関連しあっているため、原因と結果が区別しづらい。そこで、複雑な事象を複雑なままに理解しようとする質的研究が行われている。

質的研究においては、観察やインタビュー、文書・写真・人工物などから主に言語記録を作成し、そのデータを分析したり、その他の資料も総合したりして検討しつつ、理論化する。その際には、研究対象の具体性・個別性・多様性を通して一般性・普遍性に迫ることとなる（大谷尚『質的研究の考え方』名古屋大学出版会、2019年などを参照）。

　質的研究においては、より妥当性の高い知見を得るために、トライアンギュレーションが用いられる。トライアンギュレーションとは、「ひとつの研究対象に対して、または……研究設問に答えるために、違った視点を取ること」である（ウヴェ・フリック著、小田博志監訳『新版　質的研究入門』春秋社、2011年、p.543）。表1-2に示したような方法で複眼的にアプローチすることにより、「厚い記述」を生み出すことが目指される。

● サービス・ラーニング

　高校で行われている「探究的な学習」の実践の中には、より直接的に社会

表1-2　トライアンギュレーションの類型

類型	研究の手続きの概要
データのトライアンギュレーション	異なる集団、異なるフィールド、異なる時期でデータを得る
研究者のトライアンギュレーション	2人以上の研究者がその研究に従事する
理論のトライアンギュレーション	一つの対象に対する研究で、異なった理論的見方を適用する
方法論のトライアンギュレーション ・方法論内トライアンギュレーション	一つの対象に対する研究で、異なった方法論を適用する （例）参与観察と自由回答の面接を一つの質的研究で使用する
・方法論間トライアンギュレーション	ある特定の方法で集められた知見を別の方法によって確かめること （例）構造化インタビューを実施する際、その妥当性を確かめるために非構造化インタビューを行う

中嶌洋『初学者のための質的研究26の教え』医学書院、2015年、p.71。

への貢献を目指すものもある。たとえば、人口減少に直面している町の活気を取り戻す、何らかの製品を生み出す、汚染された環境を改善する、災害に備える、といったリアルな課題に生徒たちが取り組むというものである。

これらの実践は、ある種のサービス・ラーニングと言えるだろう。サービス・ラーニングとは、「『サービス』と呼ばれる社会参加活動を単に体験だけで終わらせることなく、活動に関与した人々が『ラーニング』と呼ばれる学習活動にも関与できるように、さまざまな工夫を凝らして成立する教育方法」である（唐木清志『アメリカ公民教育におけるサービス・ラーニング』東信堂、2010年、pp.iii-iv）。

● さらに多様な展開へ

以上は、現在、普通科高校において、よく行われている事例を踏まえたものであるが、実際の「探究的な学習」についてはさらに多様な展開が見られる。たとえば、芸術的な作品づくりや、職業科において問題解決に取り組む課題研究も、「探究的な学習」として大きな意義を持つ（西岡加名恵『高等学校　教科と探究の新しい学習評価』学事出版、2020年参照）。折しも内閣府の総合科学技術・イノベーション会議（CSTI）「Society 5.0の実現に向けた教育・人材育成に関する政策パッケージ」（2022年6月2日）では、「文理分断と理数系の学びに関するジェンダーの偏り」を問題視し、STEAM教育などの「分野横断的な学び」が推奨されている。今後は、文理融合・分野横断的な「探究的な学習」がさらに活発になることが期待される。

「探究的な学習」における評価の進め方

● ポートフォリオの活用

「探究的な学習」は、通常、主として課題設定に取り組む場面、主として調査を行う場面、主として成果のまとめを行う場面という順に展開する。そのプロセスでは、生徒たちの書いたものや口頭での表現、実際に調査に取り

組む様子の観察、成果として生み出された表現物など、様々な方法で生徒たちの探究の姿を捉え、評価することになる。それらを体系的に整理するために、ポートフォリオを活用することを勧めたい。

ポートフォリオとは、生徒の作品や自己評価の記録、教師の指導と評価の記録などの資料を、ファイルや箱などに系統的に蓄積していくものである。また、ポートフォリオ評価法とは、ポートフォリオづくりを通して生徒の自己評価を促すとともに、教師も生徒の学習活動と自らの教育活動を評価するアプローチを指す。

ポートフォリオ評価法を効果的に進めるためには、⑥ポートフォリオの目的や意義、残す作品や活用方法等について、教師と生徒で共通理解しておくこと、⑩ポートフォリオに資料をためっぱなしにせず、資料を並べ替えたり取捨選択したりして編集すること、⑤ポートフォリオを用いつつ到達点と課題、次の目標などについて話し合う検討会を行うことがポイントとなる（詳細は本章第4節を参照）。

● 検討会の進め方

ここで、特に重視しておきたい評価の場面は、資料1-1に示したような、教師と生徒の間の対話の場面（検討会）である。典型的な検討会においては、次のような流れで対話が展開する。①教師からオープンエンドの問いを投げかけて生徒の自己評価を引き出す。②生徒自身の言葉に耳を傾ける。③達成点を確認し、いいところをほめる。④具体例の比較などを通して、目標・評価規準（基準）を直感的につかませる。⑤次の目標について合意する。⑥確認された達成点と課題、目標についてメモを残す（丸番号は、資料中の下線に付した番号に対応している）。

「探究的な学習」については、生徒たちが自律的に学習を進める場面も多いため、個別ないしグループ別にローテーションを組むことにって、このような対話も可能となる。1学期にたとえ1回ずつでも個別・グループ別の検討会を行えば、個々の生徒たちの実態をかなり詳しく把握することができる

資料1-1　検討会での対話の様子（イメージ）

先生　「山田さんは、ペットボトルロケットについて調べているんだよね。進捗はどう？①」

生徒　「あんまり良く進んでいないんです。なんだか行き詰まっている感じで……。」

先生　「どんなところに行き詰まっているのかな？①」

生徒　「ん〜［しばらく沈黙。教師は待つ②］。何をしたら良いのかよくわからなくなって……、ペットボトルロケットをただ飛ばしているだけのようで……。」

先生　「山田さんは、テレビで見て、よく飛ぶペットボトルロケットが作れたら、エコな仕組みを考えられそう、と思ったんだったね。今まで、どんなことに取り組んできたのかな？①」

2人で研究ノートに書かれた内容について振り返る。

生徒　「先行研究を読んでみると、遠くに飛ばすために羽やペットボトルの形、羽の位置や空中での回転の仕方が影響すると書いてあるんですが、僕のロケットはいつも空中で水平飛行にならず、飛距離も出なくなってしまうんです。」

先生　「山田さんは、何回もペットボトルロケットを飛ばしながら空中での機体の傾きや羽の形との関係について既にキチンとしたメモを残しているね。これは素晴らしいことだよ③。どんな工夫をすれば、水平飛行になりそうかな？」

生徒　「まずは、羽の位置と形かなぁ……。でも、よく飛ぶって書いてある本を片っ端から見て羽の形は変えたりしているけど、よくわからなくなっちゃった。」

先生　「羽の形を飛行機や鳥の翼、実際のロケットの仕組みを参考にしてみると面白いものができそうだね。なぜその羽の形や位置で良く飛ぶのかという仕組みを考えてみたらどうかな？　そのときには、ロケットの重心や回転にこだわってみてもよいかもしれないね④。」

生徒　「そういうことなら、何とかできそうかな⑤。」

2人は話し合った内容についてメモを残す⑥。

大貫守氏作成の資料を簡略化した。西岡加名恵編著『高等学校　教科と探究の新しい学習評価』学事出版、2020年、p.18。下線・丸番号については本文（p.16）を参照。

ようになる。

　また、中間発表会のような検討会を行うことも可能である。他の生徒の進捗を聞く過程で、生徒たちは探究の質を見比べる機会を持つことができる。お互いに質問をしあうことで得る相互評価の視点は、自己評価にも活かされることとなる。

●「探究的な学習」の評価の観点

　「探究的な学習」においても、「目標に準拠した評価」が行われる。各学校が具体的な目標を設定して取り組んでいるため、それぞれの学校が設定した目標に照らして評価を行うことが求められる。

　先に紹介した通り、「探究的な学習」については多様な展開が見られる。しかしながら、「探究」における生徒の学習の姿（図1-1）を踏まえれば、どのようなタイプの「探究的な学習」であれ、およそ図1-2に示したような評価の観点で評価できると考えられる。つまり多くの場合、(a) 課題そのものの質、(b) 資料収集力、(c) 論理的思考力、という3点が中心的な評価の観点になる。さらに、(d) 協働する力、(e) 教科の基礎的な知識・スキル・理解、(f) 自己評価力、という観点から評価される場合もあるだろう。

図1-2　「探究的な学習」における評価の観点

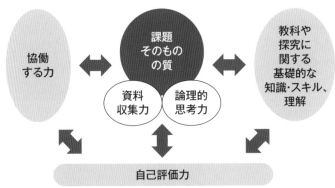

西岡加名恵『教科と総合学習のカリキュラム設計』図書文化、2016年、p.62の図に一部加筆した。

ここで注意しておきたいのは、評価の観点は、「探究的な学習」のプロセスの始めから最後まで一貫して用いられるという点である。つまり、課題設定場面で課題の質、調査場面で調査力、まとめの場面で表現力を見るわけではない。「探究的な学習」では、繰り返し課題が設定しなおされ、徐々に課題が深まっていく。その課題に対応して、できるだけ質の良い情報をより多く集めることが追求される。さらに、集めた情報を論理的に整理し、成果が確認されるとともに、新たな課題設定に活かされる。したがって、たとえば「課題そのものの質」に一貫して注目することにより、「探究的な学習」が深まっていっているかを評価することができるのである。

　なお、「総合的な探究の時間」については、学習指導要領に示されている「第1　目標」を踏まえ、「各学校の目標、内容に基づいて定めた観点による観点別学習状況の評価を基本とすることが考えられる」とされている（『高等学校学習指導要領（平成30年告示）解説　総合的な探究の時間編』2018年、p.134）。「総合的な探究の時間」において観点別評価を行う場合、各学校での目標と内容を明確にしたうえで、「知識・技能」「思考・判断・表現」「主体的に学習に取り組む態度」の三つの観点との対応を整理することが適切だと考えられる。たとえば図1-2の観点を設定するのであれば、「課題そのものの質」と「協働する力」を観点「主体的に学習に取り組む態度」、「資料収集力」と「論理的思考力」を観点「思考・判断・表現」、「教科や探究に関する基礎的な知識・スキル、理解」を観点「知識・技能」に対応するものとして位置づけることもできるだろう。

〈参考文献〉

・西岡加名恵『教科と総合学習のカリキュラム設計——パフォーマンス評価をどう活かすか』図書文化、2016年。
・西岡加名恵編『「資質・能力」を育てるパフォーマンス評価——アクティブ・ラーニングをどう充実させるか』明治図書、2016年。
・西岡加名恵『高等学校　教科と探究の新しい学習評価——観点別評価とパフォーマンス評価実践事例集』学事出版、2020年。

第1章
理論編
—
2

「総合的な探究の時間」の目標と指導と評価の一体化

大貫 守

　2022年から高等学校において、従来の「総合的な学習の時間」に代わり、「総合的な探究の時間」（以下、「総合探究」）が本格的に実施されている。この「総合探究」の実施に際して、「生徒が探究活動に取り組めるようにどのように指導をすればよいのだろうか」「筆記テスト以外でどのように評価をすればよいのだろうか」と戸惑う先生方も多いかもしれない。

　本節では、まず「探究的な学習」の評価に向けて、教育評価の基礎について確認する。次に、この「総合探究」の実施以前から「総合的な学習の時間」などにおいて、科学的探究の指導と評価を行ってきたスーパーサイエンスハイスクール（以下、SSH校）の取り組みを例に挙げつつ、「探究的な学習」の指導と評価の在り方を検討してみたい。

評価における目標と指導の位置づけ

　教育評価とは「教育がうまくいっているかどうかを把握し、そこで捉えられた実態を踏まえて教育を改善する営み」のことを指す（西岡加名恵「教育評価とは何か」西岡加名恵・石井英真・田中耕治編著『新しい教育評価入門（増補版）』有斐閣、2022年、p.3）。ここで、教育評価とは単なる生徒の値踏みではなく、あくまで教育の中心にある教授や学習の改善に役立つ評価として定義される。

　一般に評価と聞くと学期末や単元末に行われる筆記テストやレポート、実

技テストなどが想定されることが多い。だが、このように学習の最後に評価を行うのみでは、評価で得られた資料が現在の教師の指導や生徒の学習の改善と結びついていかない。その結果として、教室等で評価は行われているものの、それが教育評価として適切に機能していない状況に陥ることがある。

　2022年に国立教育政策研究所から『「指導と評価の一体化」のための学習評価に関する参考資料（高等学校編）』が出された。ここで「指導と評価の一体化」とは、評価で得られた結果をもとに教師が指導を改善し、その結果を評価するという形で、教育評価に内包された指導改善の役割を強調し、指導と評価の相互環流を図る取り組みを指す。近年では、これに加えて、評価を通して生徒の学習を改善する機能も期待されている。

　この指導と評価の一体化は、これまでの指導要録改訂においても繰り返し言及されてきたことである。だが、教師の指導や生徒の学習を改善する上で、指導と評価の相互環流を行うのみで果たして十分といえるのだろうか。次の仮想事例をもとに考えてみたい。

　ある高等学校の保健体育の先生が男子生徒に100m走をさせたところ、クラスの男子生徒の平均タイムは13.5秒だった。そこで先生は、クラス全員が1秒縮めることを目標にフォームやストライド、スタートの指導をした。それによって、単元の中盤で多くの生徒がタイムを縮めることができたものの、最終目標の1秒の短縮にはほとんど到達しなかった。そこで、指導を更に見直して、生徒が走っている姿を動画で撮影し、グループで分析をさせたり、自分の長所や短所に合わせて練習を組み立てさせたりする指導を行った。その結果、一部の生徒は目標を達成したが、そうでない生徒もみられた。

　上記の実践では、確かに生徒から得られたデータをもとに指導を修正しているので指導と評価の一体化が図られている。だが、この実践からは次の疑問も浮かび上がってくる。すなわち、全ての生徒が1秒というタイムを縮めるという目標について、1秒という根拠はどこから来て、本当にそれだけのタイムを縮めることが全ての生徒に適切な、そして可能な目標だったのかという疑問である。つまり、この実践では目標設定の妥当性が問われないまま

に、指導の改善ばかりが目指され、結果、生徒には必ずしも適切ではない目標に向けて、努力を強いられるという状況が生じている可能性がある。

決められた目標に向けて評価をもとに指導を改善するサイクル（シングル・ループ）がある。これが、いわゆる指導と評価の一体化である。しかし、これでは上述のように目標が本当に生徒にとって適切なものかという判断がなされずに、現状を良きものとして生徒がそこに適応する方向へ指導が行われてしまうことがある。そこで、目標自体の是非について省察し、目標を練り直すサイクル（ダブル・ループ）が必要となる。この二つのサイクルを組み合わせて目標と指導と評価の一体化を図っていくことが望まれている。

例えば、小テストを作成する際には、単元や授業を通して生徒に身につけさせたい力（教育目標）に照らして作問し、教師が教え得たことを評価する。もしもテストの得点が奮わなければ、教師がこれまでとこれからの指導を見直し、時として目標そのものが過度に高いものになっていないかと目標の妥当性を問い直すことで目標を改善することも念頭におく必要がある。

この他、評価について検討する上では、多様な評価方法を適切に用いて生徒の学習の成果を多面的に捉えることも望まれる。だが、それも評価の実施そのものが目的化し、その手続きばかりが論じられてしまえば問題となる。

確かに、目標や指導の改善を行うために、どのような手続き（評価方法）を用いて、どんな規準（基準）で生徒の力（成果）を把握するのか検討すること自体は大切なプロセスである。しかし、評価を厳密で公平なものとしていくことや、論述や口頭発表といった多様な評価方法を検討していくことに向けた議論に注力しすぎて、生徒が育んだ力を発揮するだけの回答の自由度が失われたり、逆に、指導が後退し、生徒の論述など行為の質が多様な評価方法・評価基準を用いてなくとも捉えられるほど、貧弱なものとなったりするのであれば、いくら評価の手続きを精緻化しても本末転倒であろう。

これらを踏まえれば、結果をより良く評価するための方法ではなく、第一に議論されるべきは、「探究的な学習」で追求されるべき価値ある教育目標とは何かということにあり、次にそれに向けてどう指導を豊かなものとして

いくのかということに他ならない。

　その議論から生まれた実りある実践を経て、生徒に培われた卓越した姿や学力をきちんと捉えるために、評価のものさしを豊穣なものとしていくことに向けた新たな議論が生まれる。そこで本節では、生徒の成果を共に捉えるための評価の在り方ではなく、あくまで目標や指導を充実させるために行われる評価の在り方について、事例に即して考えてみたい。

「探究的な学習」に対する指導と評価

　教室で行われる評価には、主に三つの目的があるといわれている（表1-3）。まず、①期末テストのように学習の到達度を把握する「学習の評価（assessment of learning）」、次に、②小テストやノート等への記入を通して生徒の理解を把握し、教師が指導に生かす「学習のための評価（assessment for learning）」、そして、③評価の結果そのものや評価の機会を自身の学習のために役立てる「学習としての評価（assessment as learning）」がある。

　ここでは、前項で述べた指導に生かす評価として主に②と③の評価を軸に見てみたい。まず教師が指導の改善に生かすことを意図した②の評価であ

表1-3　「探究的な学習」における評価の観点

アプローチ	目的	準拠点	主な評価者
①学習の評価	成績認定、卒業・進学などに関する判定（評定）	他の学習者や学校・教師が認定した目標	教師
②学習のための評価	教師の教育活動に関する意思決定のための情報収集、それにもとづく指導改善	学校・教師が認定した目標	教師
③学習として評価	学習者による自己の学習のモニタリングおよび、自己修正・自己調整（メタ認知）	学習者個々人が設定した目標や、学校・教師が設定した目標	学習者

石井英真『今求められる学力と学びとは』日本標準、2015年、p.60。

る。「探究的な学習」において身につけた探究力を評価する場合、教科のように語句や用語、実験名称などについて逐一、小テストを用いて評価を行うことは基本的には想定し難い。むしろ、生徒の探究活動の実態に即した評価が求められる。例えば、生徒の日々の探究活動を伴走しながら眺め、探究力の成長を認めたり、振り返りの記録から行き詰まりを捉えて適切な支援（フィードバック）を行ったりすることもその一つである。

　しかし、「探究的な学習」は長期間にわたる活動であり、そのような即興的な評価だけではなく、教師が長期的な視点で成長を捉え、指導に生かしていくことも望まれる。加えて、「探究的な学習」がグループ等で行われる場合、グループごとで自主的に取り組む時間も多く、生徒の学びの実相を一斉指導以上に把握しづらいという問題もある。これらの問題に対して、生徒の総合学習の学びを長期的かつ具体的に捉え、指導に生かす一つの方策としてポートフォリオ評価法がある。

　ポートフォリオ評価法とは、ポートフォリオづくりを通して、生徒が自らの学習のあり方について自己評価することを促すとともに、教師も生徒の学習活動と自らの教育活動を反省するアプローチである（西岡加名恵『教科と総合学習のカリキュラム設計』図書文化、2016年）。ここでポートフォリオとは、生徒の作品や自己評価の記録、教師の指導と評価の記録などを蓄積したものを指しており、探究を通して得た資料や実験データを記した実験ノートも広義にはポートフォリオに含まれる。

　ここで、ポートフォリオを指導に生かすとはどのようなことか。書きやすいチョークの作り方を探究したグループの事例をもとに考えてみよう。このグループでは、まず書きやすいチョークとは何かということについて考えた。チョークを使う先生方にアンケート調査を行い、力を込めても折れにくいチョークが書きやすいチョークであると考え、そのようなチョークを作るために実験を重ねていた。

　1学期のある日、生徒の実験ノートを見た教師は、チョークの固さの指標について「Aさんが黒板に書いて折れるまでの時間」と記述され、そのほか

の変数が考慮されていないことに気づいた。だが、教師がこのような生徒の課題に気づいたとしても、生徒たちが考慮すべき変数を生徒に直接に伝えてしまうのでは、今後、同様の場面に生徒が直面した際に生徒自身が考えることができず、同じことの繰り返しになってしまう。

そこで教師は、同じチョークを用いて筆圧や書く文字を変えて生徒に向けて板書をした。それにより、書き手や書き方によって折れるまでの時間は異なるということを生徒たちは認識した。そこで、生徒たちは「折れにくさ」という言葉に含まれる意味について操作的に定義し、条件統制した実験を行う形で自分たちの実験方法を修正した。

2学期の中頃に生徒の実験ノートをもとに再び検討会を行った。すると、このグループでは、1学期の教訓を生かし、先行研究を精査し、実験を行う際に統制する変数を吟味していたことに先生は気づいた。

その上で、実験の状況ができるだけ同じになるように、チョークの保存日数、保存場所の温度や湿度の調整等も検討していたことが実験ノートを介した対話から明らかになった。教師は1学期からの生徒の成長を捉え、それを認めるとともに、そのために使う道具や調査に要する日時など実験の実行可能性を勘案して計画するという次の目標に向けて生徒に課題を提示した。

このように行動観察に加えて、ポートフォリオを介して教師が実際のデータ等に即して生徒の取り組みを検討することで、生徒を長期的な視点でより具体的に把握し、指導や学習の改善に繋げることができる。加えて、ポートフォリオを用いて生徒に次の目標が具体的に示されることで学習の見通しが明瞭なものとなる。

ここで日々の行動観察も、ポートフォリオ評価法も、ともに対話ベースで、より柔軟に評価を考えているものといえるだろう。つまり、教師が厳密に評定をつけるためにすべての生徒の行動を逐一査定していくというのではなく、その場で出会った生徒と対話を交わしながら学習や指導の改善に向けてフィードバックするための手段として、評価が位置づけられている。

生徒の学習改善に生かす評価

　次に表1-3の③で取り上げた「学習としての評価」についてSSH校の事例に即してみてみたい。SSH校である富山県立富山中部高等学校では、「探究的な学習」の一環として各学期の節目に自らの取り組みを振り返る、セルフ・アセスメントという活動を取り入れている。

　このセルフ・アセスメントは、同校が科学的探究力を構成していると考える五つの観点（「課題と仮説の設定」「研究の計画・実施」「データの解釈」「論理の構成」「研究成果の発表」という探究の手続き）について、自らの到達度を「1（十分でない）」から「5（非常に優れている）」の5段階で自己評価するものである。特に、セルフ・アセスメントでは、生徒によって行われる振り返りが恣意的なものにならないよう、到達度を示す上で、実験ノートや行為に即した形で根拠を明示して、説明することが求められる。

　セルフ・アセスメントは資料1-2の用紙を介して行われる。具体的には、各観点について、探究活動の終了時にすべての生徒に保障されるべき力が記述され、その基準に即して生徒が自己評価する。

　この取り組みは教師と生徒の双方の指導と学習を改善する役割を果たす。まず、生徒が根拠を示して自己評価し、それを通して教師が生徒の新たな一

資料1-2　富山県立富山中部高等学校のセルフ・アセスメント

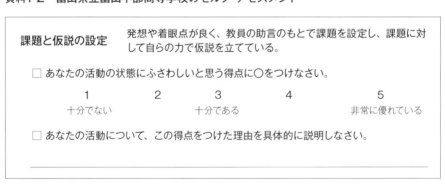

一部抜粋、砂田麻理教諭提供。

面を発見することは、生徒の善さを多面的・多角的に捉える道を拓く。

　他方で、教師が学習の評価（①）や学習としての評価（②）を通してつかんでいる生徒の姿と自らの自己評価を生徒が照らし合わせることで、目指すゴールのイメージが生徒に共有される。それにより、生徒は適切に自らの学びを自己調整できるようになる。このようにゴールが共有されている生徒が質の高い探究の成果を生み出すことも研究で指摘されている（White, B.Y. & Frederiksen, J.R., "Inquiry, Modeling, and Metacognition", *Cognition and Instruction*, 16（1）, 1998, pp.3-118）。

　特に、近年では自己評価や自己調整を伴う学びを生徒に行わせることの効用が指摘されている。しかしながら、探究のプロセスにおいて、自己評価や自己調整を生徒に行う機会を与えれば、適切に自己評価や自己調整ができるようになるというわけではない。

　自己評価に関して言えば、能力の低い人ほど自分の能力を過大評価してしまう傾向にある。このような認知バイアスのことを、発見者の名前をとってダニング＝クルーガー効果と呼ぶ（Kruger, J. & Dunning, D., "Unskilled and Unaware of It", *Journal of Personality and Social Psychology*, 77（6）, 2000, pp.1121-1134）。例えば、教師の側から見ると学習の改善が求められる生徒に振り返りをさせると、こちらの想定よりも生徒が高い評価をつけてしまうことがあるだろう（これは課題の難易度によって違いが生じることも明らかにされている。具体的には、難しい課題について生徒に自己評価を促すと、優秀な生徒ほど低い点をつけてしまう傾向にあることも指摘されている）。このような現象が生じる要因については諸説あるが、単純に生徒による自己評価や振り返りを行わせるだけでは、それが必ずしも適切に機能するものではないということは示すことができるだろう。

　これを乗り越えるには、まず生徒が自分自身の学習やそこで身につけた能力などを適切にモニタリングする力、いわゆるメタ認知的な能力を育む必要がある。その上で、富山県立富山中部高等学校で行われているセルフ・アセスメントとそれにもとづく検討会の実施など、自身が捉えている能力と外側

から捉えられている力とを調整し、適切に自己を認識し、調整する力をつけていく機会を設定することが求められる。それに向けて、フィードバック以前に生徒自身が目標を具体的に認識できる機会を設けることもあるだろう。

適切な評価の運用に向けて

　「探究的な学習」において評価を行う上では、教師自身が評価の目的やタイミング、評価物について吟味していくことが求められる。特に、現在の学校では、GIGAスクール構想のもとでICT機器やタブレット型端末が普及し、それも「探究的な学習」に活用されている。このような環境下では、教師が生徒の取り組みに関する資料を得ることが容易になってきている。例えば、クラウドを用いて、研究ノートや活動カレンダー、論文、ポスターの作成状況について同期しながら管理をすれば、生徒がどのように活動を計画していて、進行状況はどの程度で、誰がどの程度参加しているのかということを容易に把握することができる。

　だが、評価をされる側の生徒が、いつ、どのような場面で、何を評価されているのかということがわからなければ、生徒は日常的に教師からの絶え間ない評価の視線に晒されてしまうことになる。その結果、生徒の側が教員に忖度をしたり、特に何かをするわけでもなく共有ドキュメントに入り、探究に頑張って取り組んでいるように装ったりする行為が行われたりと、自己を偽って表現する行為を強いられてしまうことが懸念される。教師の側から見ても何を評価するのかということが明確でなければ、生徒が生み出す膨大な評価データの中で疲弊してしまうだろう。このような状況を避けるためにも、教師が評価するものやその時期を示すとともに、評価方法について生徒に説明し、お互いの合意のもとで進めていくことが望ましい。

　評価の計画を立てる上では、先の表1-3の①－③の評価の目的を意識するとよいだろう。例えば、「探究的な学習」について、学習の評価を行う場合には、全ての生徒を対象に論文やレポート、ポスター発表などの学習成果

に即して、その取り組みの最終的な質をまとまりごとに記録に残る形で評価し、次の指導に向けて引き継いでいくことが求められる。一方で、学習のための評価を行う場合には、生徒を抽出して作成途中の論文やレポート、ポスターなどに加えて、研究ノートやポートフォリオ、日々の行動観察や検討会でのやり取りなどを根拠として、現時点での到達度や課題を指導に活かす形で評価する。

　ここでは評価の目的に応じて評価対象にも違いが生じてくる。教師の指導や生徒の学習を改善するために行われる評価は、教師に無理がなく、生徒の人権にも十分に配慮した上で、時機を生かして行われる。特に、「探究的な学習」の場合には学習の進度も様々で、調査に出かける生徒もいれば、そこで得られたデータを収集している生徒もいる。そのため、一定の期間の中で進度や課題を把握できるように抽出の形で評価が行われていく。他方で、教師の指導や生徒の学習の評価の場合には、生徒の最終的な学習の到達度を把握するため、一度の評価で全ての生徒を対象とし、成績資料などの作成に向けて記録に残す形で実施していく。

　GIGAスクール構想も相まって、e-ポートフォリオをはじめ、教師が得られる生徒の学習に関するデータが多様化・大容量化している。その中で、評価できる事柄が増えてきていることも事実であろう。だが、そこに流されるのではなく、このように評価の目的や役割を意識することで、たとえ評価できるとしてもあえて評価をしないという判断（選択）をするなど、教師にも生徒にも過重な負担とならないように専門性を発揮して評価計画を樹立していくことが肝要である。

　本節では、「探究的な学習」における指導と評価の一体化の在り方の一端を紹介してきた。指導と評価を構想する上では、何が価値ある目標かということを問うサイクルがなければ、評価が明確にならないだけでなく、評価を通して誤った方向に学習を改善し続けるという悪循環が生じかねない。この点で、目標と指導と評価が三位一体で捉えられる必要がある。この「探究的な学習」の目標については、次節で論じることとしたい。

「総合的な探究の時間」における目標と評価

大貫 守

前節で見てきたように「総合的な探究の時間」（以下、「総合探究」）の評価を考える上では、目標と指導方法と評価方法の設定を三位一体のものとして捉え、検討していくことが望ましい。特に、前節では総合探究における指導と評価の一体化の方策について概観してきた。本節では、この流れを引き継ぎつつ、主に「総合探究」の目標に着目し、そこから指導と評価のあり方について論じてみたい。

「総合探究」と「目標に準拠した評価」

「総合探究」の評価を設計する際、「総合探究」についても教科と同様に「知識・技能」、「思考・判断・表現」、「主体的に学習に取り組む態度」の三つの観点を参考に評価の観点を定め、観点別に評価することが推奨されている（第1章第1節も参照）。だが、指導要録において、「総合探究」は記述による評価とされ、教科のように3観点を明確に分けた形で、その到達度を評価する様式とはなっていない。そのため、教科学習については「目標に準拠した評価」の考え方の下で観点別評価を行い、評定をつける一方で、「総合探究」では明確な観点を設けずに個人内評価を行い、所見欄で個々の生徒を軸にその伸びや長所を記述するという形で評価の分業を行う実践が見られることもある。

このように個人内評価の立場のみで行われる「総合探究」の評価は、個人

の活動記録を残すことに終始し、結果、生徒に何が身についたのか明確にならず、活動とその記録があって学びがないという状況に陥ってしまうことが危惧される。それを避けるためには、「目標に準拠した評価」も視野に入れて、両者を内的に結びつける形で評価を設計する必要がある。

　他方で、「目標に準拠した評価」のみで「総合探究」の評価を考えるだけではなぜ不十分なのだろうか。「総合探究」は、事前に目標を設定しつつも、探究の過程で教師の想定を超える目標や姿が生徒の活動の中から生成される可能性がある。そのため、教師が目標を捉え直したり、個人の伸びを豊かに記述したりする機会が評価の中に含まれていることが望ましい。さらに、「総合探究」で育成される探究力などの力は、単にできる・できないというだけでなく、その深さや鋭さなどといった質的な側面が多分に内包されている。そのため、評価においても量的な評価に加え、ルーブリック等を用いた評価や個人内評価に見られる記述などで生徒の姿を捉える質的な評価も求められる。

「総合探究」の教育課程上の位置づけ

　「目標に準拠した評価」を実施していく上では、目標を明確にすることが第1のプロセスとなる。では「総合探究」の目標はどのように考えればよいのだろうか。表1-4は教育課程の各領域の目標を示したものである。一般に、「総合探究」の場合、教科と異なり、自律性や自治力、思考力など学校ごとに多様な目標が設定され、消化不良になりがちである。だが、表1-4で「総合探究」（表中では「総合学習」）が教科領域と特別活動の領域の結節的に位置しているように、「総合探究」の目標を構想する際には、そのすべてを「総合探究」に背負わせるのではなく、これら2領域で育んだ力を視野に入れ、それとの関係の中で検討することが望ましい（第1章第7節も参照）。

　この際、各領域の目標について、教科で認識を、特別活動の領域で自治の力を養うという形で領域と目標の関係を一対一対応で、単純化して捉えてし

表1-4 教育課程の領域と目標の関係

	能力・学習活動の階層レベル（カリキュラムの構造）		資質・能力の要素（目標の柱）			
			知識	スキル		情意（関心・意欲・態度・人格特性）
				認知的スキル	社会的スキル	
教科学習	教科等の枠付けの中での学習	知識の獲得と定着（知っている・できる）	事実的知識、技能（個別的なスキル）	記憶と再生、機械的実行と自動化	学び合い、知識の共同構築	達成による自己効力感
		知識の意味理解と洗練（わかる）	概念的知識、方略（複合的プロセス）	解釈、関連付け、構造化、比較・分類、機能的・演繹的推論		内容の価値に即した内発的動機、教科への関心・意欲
		知識の有意味な使用と創造（使える）	見方・考え方（原理、方法論）を軸とした領域固有の知識の複合体	知的問題解決、意思決定、仮説的推論を含む証明・実験・調査、知やモノの創発、美的表現（批判的思考や創造的思考が関わる）	プロジェクトベースの対話（コミュニケーション）と協働	活動の社会的レリバンスに即した内発的動機、教科観・教科学習観、知的性向・態度・思考の習慣
総合学習	学習の枠付け自体を学習者達が決定・再構成する学習	自律的な課題設定と探究（メタ認知システム）	思想・見識、世界観と自己像	自律的な課題設定、持続的な探究、情報収集・処理、自己評価		自己の思い・生活意欲（切実性）に根ざした内発的動機、志やキャリア意識の形成
特別活動		社会関係の自治的組織化と再構成（行為システム）	人と人との関わりや所属する共同体・文化についての意識、共同体の運営や自治に関する方法論	生活問題の解決、イベント・企画の立案、社会問題の解決への関与・参画	人間関係と交わり（チームワーク）、ルールと分業、リーダーシップとマネジメント、争いの処理・合意形成、学びの場や共同体の自主的組織化と再構成	社会的責任や倫理意識に根差した社会的動機、道徳的価値観・立場の確立

※社会的スキルと情意の欄でレベルの区分が点線になっているのは、知識や認知的スキルに比べてレベルごとの対応関係が緩やかであることを示している。

※網掛け部分は、それぞれの能力・学習活動のレベルにおいて、カリキュラムに明示された中心的に意識されるべき目標の要素。

※認知的・社会的スキルの中身については、学校毎に具体化すべきであり、学習指導要領等で示す場合も参考資料とすべきだろう。情意領域については、評定の対象というより、形成的評価やカリキュラム評価の対象とすべきであろう。

石井英真『今求められる学力と学びとは』日本標準、2015年、p.23。

まうことがある。確かに、特別活動では、学校行事などを通して自治的な力を培うことが追求され、教科では教材との対話を通して認識を育むことが多い。しかし、特別活動においても、体験活動や級友との対話を通して対象世界や他者、自己に関する認識を深めるように、両者の領域の目標は必ずしも別個に存在するものではない。一つの領域に全てを背負わせることは危険だが、目標を過度に限定してしまうことも実践の視野を狭くするため、領域で主に育む目標を意識しつつも、現実には緩やかに捉えていくことが望ましい。

　この点について、教科学習でも、自治の力が発揮される場面は存在する。その際、教科と特別活動で発揮される自治の力は、全く別個なものではない。だが、両者は源泉を一にしつつも、簡単に転用される連続した直線的な関係で紡がれるのではなく、むしろ非連続的な形で存在している。そのため、特別活動で培った自治の力が教科学習へとそのまま転嫁されるものではない。あくまで、教師の指導性が前面に表れる教科学習では、生徒の自治の力も特別活動とは異なる形で表出する点にも留意する必要があるだろう。

　このような形で教科や特別活動で培った認識や自治の力が「総合探究」で統合され、領域での学習に応じて異なる形で発揮され、またそこで両者の力が鍛えられる。だが、「総合探究」の目標は両者の力の育成に解消されるものではない。あくまで一つの領域である「総合探究」には探究活動で達成される教科や特別活動には解消されない一つの軸となる目標が存在する。

　では、「総合探究」で行われる探究とはどのような営みで、その中で達成される目標とは何か。次に検討してみよう。

「総合探究」における探究の在り方

　表1-4にあるように「総合探究」の目標の一つに探究力の育成がある。このように探究力の育成を目標として掲げ、指導し、評価をする上では、そもそも探究をどのような営みとして描くのかということが問われる。例えば、

教師が探究を課題設定や仮説の立案、データの分析といった手続きの総和として捉えたとしよう。そこでは、個々の手続きの習得が目標として掲げられ、まず生徒には課題設定に関する指導を、次に仮説の立て方を……といった形で個々の手続きが獲得されるよう授業が組まれる。そして、その習熟度について実技テストなどを通して断片的に評価することが想定されうるだろう。

　他方で、それらの個々の手続きが問題場面で知識などと密接に絡み合いながら進むものとして教師が探究を描いたとしたらどうだろうか。そこでは、生徒が複数の手続きや知識などを状況に応じて使いこなすことができるようになることが目標として設定される。その目標に向けて、個々の手続きのつながりや状況を考慮に入れて、具体的な文脈に即して、問いの立て方や仮説の設定の仕方などに関する指導が適宜、組み込まれながら探究活動が行われる。評価の際にも、個々の手続きに関する実技テストという形ではなく、実際の探究の文脈で生徒が行為する姿を捉え、その行為の質を見極めることが評価方法の一つとして用いられるだろう。このように、教師がどのような探究を想定するのかということが総合探究の目標—指導—評価を規定する。

　一般に「探究的な学習」は「課題の設定—情報の収集—整理・分析—まとめ・表現」という四つの局面で描かれることが多い（図1-1，p.11）。生徒は日常生活や社会から問いを見つけ、その問いについて情報を収集し、得られた情報を整理・分析したり、知識や技能と結びつけたり、考えを出し合ったりし、そこから生まれた考えや意見などをまとめ、表現し、新たな課題を見つけというサイクルを繰り返す（ここで段階でなく局面と記したのは、これらの過程は固定的ではなく、活動の順序の入れ替わりも想定されているからである）。

　多くの高等学校で生徒が「探究的な学習」に取り組んだ成果として作成されるポスターや論文において発見したことを伝える際に用いられるものも上記の四つの局面である。確かに、研究者も多くの場合、同様のフォーマットでポスターを作成する。だが、現実の研究者の探究の過程はどうであろうか。

研究者が現実世界で問いを見出す際には、既存の理論やモデルとの関係で問いを吟味し、探究可能な問いの形で表現する。その問いに合わせて、問いに関する仮説を構成し、観察や実験、測定や文献講読などを通してデータの収集を行い、そのデータの是非を仮説やモデルとの関係で議論し、問いや調査方法を練り直したり、理論やモデルを問い直したりする。そこでは、批評や論証、分析という場（これは個人、グループ、学級という単位があり得る）を媒介に両者は常に折衝しながら探究が一つのサイクルとして進行していく。そのため、実際の探究過程と論文や学会報告等において発見した事柄を正当化するために描かれた過程は分けて考える必要があるだろう。

　特に、「探究的な学習」を実際の探究の過程へと近づけるために、国内外において複数の理論と実践が提起され、議論が重ねられている。この中で、筆者が近年の欧米の科学的探究に関する研究をもとに、試案として作成した探究のモデルが図1-3である。

　この図では、探究を主に三つの空間から成るものとして捉えている。まず、図の一番左が現実世界から問いを見出し、実験や観察、文献講読など調

図1-3　探究のモデル図

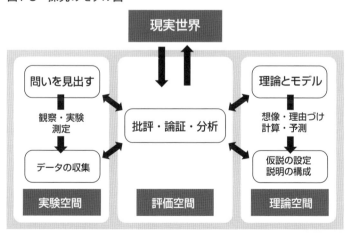

大貫守『アメリカにおける科学教育カリキュラムの変遷 —— 科学的探究から科学的実践への展開』日本標準、2023年をもとに筆者作成。

査を行う空間である。図の右部分が理論やモデルから仮説を形成したり、説明を生み出したりする空間である。最後に、中心部分が得られたデータをその仮説と照らし合わせて評価し、仮説の棄却や実験方法を吟味したり、生成された説明について、教室で同じ共同体に属する他者と議論したりする空間である。実際の探究場面は、個別の状況や文脈に応じて、この三つの空間を適宜、往還する中で、個々の手続きや知識を密接に絡ませながら、乱雑な形で進行していく。そこには、図1-3で示されるような単なる順序の入れ替わりには解消されない重層的な探究の過程がある。

　多くの場合、探究活動というと図の左部分にあるように実際に問いを見い出し、観察や実験を行うことで、データを収集する活動と思われがちである。だが、実際の探究では、右部分の空間のように、理論やモデルから仮説や説明を生み出したり、中心部の評価空間のように、データを仮説に即して吟味したりすることも鍵となる要素である（第2部・第3部の事例も参照）。

　この点について、科学者は科学をすること、話すこと、書くこと、読むこと、示すことの五つの活動に従事することが知られている。これらの五つの活動のうち、科学することは図1-3の左部分のように問いを立て、調査することを意味する。それが科学者の仕事の一つであることは誰にも疑いのない事実であろう。

　その一方で、調査に従事することは科学者の活動の一部でしかない。例えば、科学者が科学を読むことと書くこと、すなわち文献等の輪読や執筆に50％以上の時間を割いていることも研究において既に指摘されている (Tenopir, C. & King, D. W., *Communication Patterns of Engineers*. Hobeken, 2004)。つまり、得られたデータを理論やモデルを用いて、どのように分析・解釈し、より妥当な論を組み立て、学術の場で議論するということが科学者の実践の大半を占めている。

　この点について、第1章第5節で福嶋氏も述べているように学問は社会文化的な実践である。もちろん、データを収集することは研究の中心的な活動の一つで、そのための方法を身につけることは必要不可欠な要素である。だ

が、それだけで学問が成立するわけではない。研究室や専門学会等における議論や論文の査読など、専門用語を用いた言葉やテクストを媒介としたコミュニケーションを内包するとともに、ヒトやモノとのやりとりの中で適応や抵抗を含んで成立する。そのため、中心や右部分にある活動も、学問において調査と同じかそれ以上に重要な役割を果たす。このプロセス全体を通して生徒たちは研究者コミュニティに内在するカンやコツを身につけ、複数の空間を行き来して思考する文化に徐々に浸され、実践の手法を獲得する。

「総合探究」における目標

　このような探究の過程やそれを通して身につける手法は研究者を志す生徒のためであって、それ以外の生徒の成長に資するものにはならないと感じる方もいるかもしれない。だが、この図の中心部や右部分で行われる対話を含んだ活動は、これから市民として生きていく上で求められるものであり、ここにこそ探究を通して達成したい目標がある。

　その理由として、専門家と市民の知のコミュニケーションの在り方の変容がある。近年、大学の研究者は「象牙の塔に住んでいる」と表現され、専門家と市民の間のコミュニケーションの分断が深刻化している。この断絶を埋める試みとして、サイエンス・コミュニケーションが叫ばれ、その一環としてサイエンス・カフェが行われている。具体的には、科学技術に関わる問題について専門家と一般市民が対話し、議論する場がもたれている。

　これまで、市民には専門的知識が欠如しているという想定のもと、専門家と市民の間で「教える──教えられる」の関係を作り出し、一方から他方に知識を与えるという啓蒙的なモデルの下で専門家とのコミュニケーションが図られてきた。だが、上述のサイエンス・コミュニケーションの取り組みは、専門知のあり方が問い直される中で、生活者たる市民のもつ生活知や社会参画などの視座から、このようなモデルそのものを問い直す営みである。そこでは、従来のモデルが生活上の問題に市民が主体的に関与し、知のコ

ミュニケーションを通して問題の解決を目指す参加型のモデルへと移行してきていることを表している（奈良由美子・伊勢田哲治『生活知と科学知』放送大学出版、2009年）。

特に、複雑化し多様化する社会では、トランス・サイエンス問題（科学によって問うことはできるが、科学によって答えることができない問題）のように、一つの学問の専門知だけでは解決できないような問題が次々と立ち現れている。例えば、原子力や遺伝子組み換え作物、土地開発、感染症に対するワクチン接種の是非などは、専門家にデータを求めることはできても、その決定を求めることはできないだろう。

このような問題に対して、専門家として関わりをもつ人は少ないかもしれない。だが、市民として暮らす上でこれらと全く関わらずに生きていくことはおそらく難しいだろう。その際に、その問題について個人として情報を得て、それを吟味し、結論を下していくこともあれば、集団の中で利害の対立なども視野に入れて、対話を重ねて他者との合意形成を図っていくこともある。そこでは、多様な人々が表現したものを読み下し、熟考し、連携したり、対立したりしながら、自らの立場や考えを表現していくことが求められる。

とりわけ、生徒が図の中心部分にある論証や議論の過程に参加することは、彼女・彼らが学問的知識の生成の現場に立ち会うもしくは追体験することを意味する。従来の教科教育では図のように教師から競合する仮説が示され、生徒が証拠をもとにその是非について判断するということよりも、教師が提案する説明が1つの真実とされることが多く、そこでの説明を正当化するために証拠が用いられていた。そのため、仮説に賛成・反対するために用いられる論理や推論の方法について扱われることがあまりなかった。

だが、現実場面において理論は論争と対立を通して確からしいものとされていく。社会や自然における現象や事象などについて、新しい説明やモデルが提案されたら、そこにはいつも競合する二つ以上の説明やモデルが存在し、その間で論争が生じる。この論争こそが学問の質をコントロールする。ここに生徒が参加することで、正しいとされている理論がなぜ正しいとさ

れ、誤った考えがなぜ誤っているとされるのか学ぶことになる。

　このように「総合探究」では生徒が自律的に探究を行う中で、探究という営みについての基礎的な理解を構築していくことが望まれる。これにより、生徒は知の探究とはどのような営みで、どのように信頼のおける知識が生まれ、どこに意義と課題があるのかという学問の認識論に関わる内容を生徒は体得していく。その結果、市民として他者の得たデータを読み解き、それをもとに意見を組み立て、考えを表現していく基礎を築くことができる。

　もちろん、探究を指導する際に探究の理解そのものを直接の目標として全てを生徒に直接指導していくわけではない。それは生徒が図1-3の手続きを洗練していき、充実した探究を行う中で自然と達成されていくものでもある。第3章の標準ルーブリックは図1-3を参考に、探究の指導のポイントとなる探究の手続きを示したものである。加えて、それらが相互に関わり合いながら質が引き上げられていくということを念頭に個々の手続きに関する目標を記述している。ここで上記の探究の過程は長期的なものであり、探究の手続きも対象に対する理解も緩やかに形成される。それを支える面においても、第3章の長期的ルーブリックに示されるような長期的な目標や評価基準が求められるのである。

　このようなルーブリックを念頭に指導をすることで生徒が個々の手続き同士の関連性を把握し、目的に向けてこれらの手続きや教科等で育んだ知識を使いながら充実した探究を行うことができる。これと並行して、表1-4にあるように教科や特別活動と絡めて世界観や志を形成したり、様々なヒトやモノと交わり、協働したりする力を付随的に育む。

　この他、図1-3の探究の過程では、理論を介して問いや仮説が生成される。ここでは、教科や特別活動で育まれた深いレベルの認識が教科とは異なる形で表出する場面も存在する。また、教科の学習では教師がスケジュール管理を行うことが多いが、「総合探究」では教科の延長線上にあるような取組をしつつもグループでスケジュールを立て、分業し、自分たちで学習を枠づけるなど、探究でこそ発揮される自治の力も表れる。翻って、「総合探究」

で育まれた理解や世界観が教科・教科外領域で現象を捉える一つの眼鏡となり、学習や生活の場面で発揮されることもあるだろう。

　このように教育課程全体に支えられ、「総合探究」という活動が成立していることは、いま一度確認しておく必要があるだろう。これらを念頭に、3領域の響き合いを意識しつつ、「総合探究」でこそ中心的に育てるべき力の内実を明らかにし、それに向けてひとまとまりの探究の指導を組み立て、評価を実施していく力量が教師には求められる（第1章第7節も参照）。

　「総合探究」で「目標に準拠した評価」を実践していく際に、その目標が貧弱なものであれば、探究の目的が探究のスキルの獲得に矮小化され、上述のような認識や情意に関わる側面が抜け落ちてしまうなどといった危険性がある。それは、「総合探究」の魅力を半減させるものとなる。教育課程全体を見通して、「総合探究」の目標を豊かにし、それに向けた指導の一環として行われる探究の過程をより豊穣なものとしていくことが、最終的に評価を実りあるものにしていく一番の基礎となる。

　他方で、「目標に準拠した評価」を過度に徹底することは、生徒の豊かな活動をこちらが想定する探究力の観点や成長の枠組みに当てはめてしまう危険性もある。この点で、目標そのものを問い直す仕組み、例えば、目標にとらわれない評価や個人内評価などといった視座を活用することを介して、既存の目標を批判的に問い直す視点も意識する必要があるだろう。

4

ポートフォリオ評価法の活用

鎌田 祥輝

　本節では、本書第1章第1節、第3節において言及されていたポートフォリオ評価法を紹介する。ポートフォリオとは、紙挟みや書類入れと和訳され、画家や写真家、ジャーナリストといった職業の人が、自身の作品やその作品に対する評価などを綴じた容器、またはその中身も含めた総体を指す。ポートフォリオをつくる直接の目的は自分を売り込むためであるが、自身の力量を振り返るために活用することもできる。ポートフォリオ評価法は、ポートフォリオづくりを通して生徒の自己評価を促すとともに、教師が生徒の学習活動と自らの教育活動を評価するアプローチを指す。総合的な学習の時間の新設以降、日本においてもポートフォリオ評価法を活用した実践がなされてきた。

　探究活動では生徒の発想を活かした多様な展開が考えられる。そのための探究活動を評価する際には、プレゼンテーションやレポートなどの最終成果物の質だけでなく、探究過程をも含む探究の総体を捉える必要がある。ポートフォリオ評価法は、探究過程を捉え、形成的評価[1]やカリキュラム改善に活かすために有用であり、また自己評価能力の向上にも資する評価方法の一つである。ただし、単にファイルを用意して生徒に資料を入れさせるだけでは、効果的に活用できない。

　本節では、まず、単なるファイリングとは異なるポートフォリオ評価法の特徴を紹介する。加えて、「総合的な探究の時間」や「理数探究」においてポートフォリオ評価法を活用するために事前に考慮すべき事項を解説する。

次に、ポートフォリオに蓄積された資料をどのように活かし、振り返るのかという、ポートフォリオ評価法の課題を乗り越えることを目指した一枚ポートフォリオ評価の知見を取り上げつつ、ポートフォリオ評価法で活用できるワークシートのあり方を紹介する。最後に、総括的評価としてポートフォリオ評価法を活用する際の可能性と留意点を解説する。

ポートフォリオ評価法とは

　生徒の作品をファイルに蓄積する取り組みは日常的に行われてきた。しかし、取り立ててポートフォリオ評価法と呼ぶのには理由がある。第1章第1節で紹介されているポートフォリオ評価法を効果的に進めるための三つのポイントを詳述しながら、ポートフォリオ評価法の特質を確認する（西岡加名恵『教科と総合に活かすポートフォリオ評価法』図書文化、2003年、pp.52-93参照）。

　第一に、ポートフォリオの目的や意義、残す作品や活用方法等について、教師と生徒で共通理解しておくことである。ポートフォリオづくりによって、生徒の活動のどのような側面を評価したいのか、また生徒がいかにポートフォリオを活用するのかといった、ポートフォリオづくりの目的と目標（評価基準）を明確にすることが求められる。加えて、ポートフォリオの活用の目的、収集内容、活用法などを教師から生徒に説明し、生徒が主体的にポートフォリオづくりに取り組めるよう指導することが必要である。

　学校でポートフォリオづくりを行う文化があれば、上級生のポートフォリオを生徒に提示することで、探究活動の見通しやポートフォリオの活用法を共有することができる。上級生が行った探究の成果発表や最終成果物を生徒が見る機会が設定されることは多いが、最終成果物が得られるまでにどのような紆余曲折の過程があり、どのような困難に直面し、それをどのように解決していったのか、といった探究の過程を見る機会は少ない。探究の過程や成果を残し伝える手段でもあるポートフォリオを学校で受け継いでいく意義

は大きいだろう。

　なお、ポートフォリオの目的は、ポートフォリオの所有権（内容物や評価規準の決定権）が誰にあるのかによって、三つの理念型に区別することができる。「総合的な探究の時間」や「理数探究」で行われる探究活動では、教師と生徒が相談しながら評価基準を作り替え、内容物を決定する、基準創出型ポートフォリオが用いられることが多い。他に、教師が評価基準と収集すべき成果物を定める「基準準拠型ポートフォリオ」や、生徒自身が自分なりの評価基準を設定し自己アピールをするために用いる「最良作品集ポートフォリオ」がある。これらは理念型であり、実際には複数の要素が混合することがあり得る。本稿では、探究活動の形成的評価に用いられることが多い基準創出型ポートフォリオの活用を念頭に記述している。

　第二に、ポートフォリオに資料をためっぱなしにせず、資料を並べ替えたり取捨選択したりして編集することである。ただワークシートや作品をしまうだけでなく、ポートフォリオ評価法では、目的に沿ってポートフォリオを編集することも学習活動の一つとして位置づけられている。

　ポートフォリオを編集するために、2種類のポートフォリオを併用することが提案されている。すなわち、日常的に資料をためるポートフォリオ（ワーキング・ポートフォリオ）と、そこから資料を取捨選択したり並べ替えたりして作る永久保存版のポートフォリオ（パーマネント・ポートフォリオ）である。パーマネント・ポートフォリオには、教師が決めた見出しに応じた資料や、生徒が教師に一番見てほしい資料を入れさせるといった工夫がなされてきた。

　また、日常的に蓄積する資料は、ワークシートや最終成果物にとどまらない。例えばレポートの下書き、収集した資料、インタビューの記録、読書記録など、探究活動の過程を示すものも資料として重要である。さらに、生徒の作品やポートフォリオに対する教師・他の生徒・親や地域の人々からの評価やコメント、生徒自身の自己評価の記録も蓄積の対象である。

　第三に、ポートフォリオを用いながら到達点と課題、次の目標について話

し合う検討会を行うことである。典型的な検討会は、教師と生徒が一対一で対話する形で行われる（具体的な対話の進め方は本書第1章第1節参照）。検討会において教師はまず生徒の自己評価を問いかけによって引き出し、生徒の言葉に積極的に耳を傾け、到達点と問題点を確認し、生徒と共同で次の目標設定を行う。検討会の形態は、一対一の他にも、教師対グループでの検討や、生徒同士の交流もあり得る。ただし、生徒が次の目標を見通せるようにし、さらには探究活動のカリキュラムや指導の改善を図るためには、何よりも教師と生徒との検討会が欠かせない。

　検討会は、自己評価能力やメタ認知能力を育成する上でも欠かせない。生徒はルーブリックの記述語を読むだけでは具体的な達成イメージを掴みにくく、自己評価をすることは難しい。教師との対話によって評価基準を共有したり、上級生や同級生、教師が作成した様々な質の作品を取り上げ比較検討したりすることによってはじめて、生徒が評価基準を理解し、次にどのような活動が求められるのか見通せるようになる（二宮衆一「教育評価の機能」西岡加名恵・石井英真・田中耕治編著『新しい教育評価入門増補版』有斐閣、2022年、pp.70-76）。生徒による自己評価だからといって、教師の指導や支援が不要というわけではない。

　なお、ポートフォリオ検討会には、事前にルーブリックで示された観点や基準を参照しつつも、生徒の探究の過程や作品をみて、評価規準・基準自体を修正する契機も含まれている。カリキュラムや目標、ルーブリックは絶えず修正されうるものとして認識することが望ましい。

ポートフォリオ評価法を活用するための事前準備

　探究活動の目標を検討し、ポートフォリオを用いる目的と評価の位置づけを生徒に説明できるまでに明確化したら、次の4点についても事前に考慮するとよい。

（1）ポートフォリオづくりを行う期間

　ポートフォリオは、一単元、一領域、一学年、学校カリキュラム全体など、様々な範囲・期間でつくることが可能である。探究活動では、一つの探究テーマを範囲としてポートフォリオづくりを行うこともあれば、探究の基礎を学ぶ時期から最終成果物を生み出すまでの長期的なポートフォリオづくりを行うこともある。一つの探究テーマを範囲とするならば、そのテーマの探究がどのように深まったのかを振り返りやすい。一方、長期にわたるポートフォリオは、探究活動を通して身につけさせたい能力・探究スキルの成長を捉えることに適している。長期のポートフォリオと、テーマごとのポートフォリオの両方を同時に活用することも可能である。

（2）ポートフォリオの容器

　ポートフォリオの容器はクリアファイルやリングファイル以外にも考えられる。例えばボックスや棚に作品を納めたり、電子データとして外部記録メディアやクラウドストレージ等に蓄積することも考えられる。蓄積する資料の形態によって適切な容器は異なる。例えば、立体の作品を入れるならばボックスや棚に納めることが考えられるし、映像作品があるならば電子データとして保存するとよい。クリアファイルやリングファイルに蓄積する場合は、ワークシートや資料のサイズを統一するなどの工夫も必要になる。どの容器を用いるのであれ、資料をただ蓄積するだけでなく、資料を整理し、形成的評価に活用することを念頭に置く必要がある。

（3）ポートフォリオ活用を取り入れたカリキュラム

　ポートフォリオ検討会やポートフォリオを編集する時間は、意図的にカリキュラムに組み込む必要がある。ポートフォリオの整理についても生徒に任せっきりではなく、目的や観点を生徒に認識させ時間をとって編集させることが大事である。生徒が個人で課題探究を行い、計画を個々に立てている場合でも、ポートフォリオ検討会の時間を確保するよう求めるべきである。

（4）ポートフォリオに蓄積する資料の創出

　ポートフォリオの整理同様、ポートフォリオに蓄積する資料も、生徒に任せっきりで勝手に集まるものではない。自己評価欄を含めたワークシートを作成する、教師がビデオや写真を撮影する、付箋を用いてコメントを貼るなど、教師からの支援が欠かせない。特にポートフォリオのイメージが生徒に十分認識されていない場合には、どのような資料をポートフォリオに蓄積するべきかを教師が助言したり、生徒に記述してほしい内容を含めたワークシートをつくるなどの工夫が欠かせない。

　以上のように、事前に考慮すべき事項を挙げたが、それでもポートフォリオ評価法を活用する際には、蓄積した膨大な資料をどう活かすのか、さらには、ただ「自己評価して」といっても生徒は何をどう振り返ればよいかわからず振り返りを書くことができない、などの課題がつきまとう。このようなポートフォリオ評価法の課題に対して一つのアプローチを示したのが、堀哲夫が提案する一枚ポートフォリオ評価（OPPA: One Page Portfolio Assessment）である（堀哲夫『学びの意味を育てる理科の教育評価』東洋館出版、2003年、pp.119-123）[2]。

一枚ポートフォリオ評価（OPPA）に学ぶ、
ワークシートのあり方と具体例

　堀哲夫が提唱したOPPAは、「学習の成果を、学習者が一枚の用紙の中に学習前・中・後の履歴として記録し、その全体を学習者自身に自己評価させる方法」とされる（中島雅子「一枚ポートフォリオ評価」西岡加名恵・石井英真編著『教育評価重要用語事典』明治図書、2021年、p.122）。一枚の用紙（OPPシート）のみを用いることで、評価のために必要最小限の情報を最大限に活用することが目指された。堀はこの目的を達成するためにOPPシートの構成要素を定めている。ポートフォリオ評価法で用いるワークシー

トを作成する際に、OPPシートの構成要素から学ぶところがあると筆者は考える。

　次にOPPシートの四つの構成要素を紹介する（堀哲夫『新訂一枚ポートフォリオ評価』東洋館出版、2019年、pp.38-42参照）。第一に「単元タイトル」である。教師が予め書き込むこともあるが、単元の終わりに学習者自身に適切なタイトルをつけさせることで、子どもたちの理解を捉える実践もある。

　第二に、「学習前・後を貫く本質的な問い」である。単元を通して教師が学習者にどうしても伝えたい、わかってほしい、できるようになってほしいことを問いの形で提示し生徒に回答させる。学習の前後で全く同じ本質的な問いを生徒に問うことで、学習者の変容を捉えることができるとされる[3]。

　第三に、「学習履歴」である。毎時間の授業後に生徒が「授業の一番大切なこと」を書く欄である。この欄には生徒の考えた「授業の一番大切なこと」を書かせることで、生徒の中に何が残されているのかを知り、教師の意図とのずれを知ることができる。

　最後に、「学習全体を通した自己評価」である。「学習前と学習後の内容を比べて、思ったこと、感じたことを書きましょう」といった問いに代表されるように、「学習前・後を貫く本質的な問い」への回答を比較させ、さらには「学習履歴」を含めた全体を自己評価させることが重要だという。

　毎回の授業後に気づきや疑問を別々の用紙に書かせるのではなく、構造化されたOPPシートを用いることにより、「おもしろかった、たのしかった」といった感想に終始してしまいがちな自己評価をより深められる。すなわち、「学習前・後を貫く本質的な問い」によって目標を明確化することで単元・領域の内容や本質に迫った自己評価を促し、さらに「学習履歴」によって、以前に考えたことと関連付けた自己評価が可能になる。

　次に、筆者がOPPシートの構成要素を参考にして作成した、ポートフォリオ評価法を効果的に活用するためのワークシートを紹介する。これは、第2章第6節で紹介されている兵庫県立尼崎小田高等学校が主催する「高校生

サミット」で実際に用いられたものである。高校生サミットでは半年間に全3回のワークショップ、ポスター発表会、グループディスカッションの他、複数の高等学校の生徒が共同研究を実施した。これらの活動を通した生徒の認識の変化を評価し、次年度の高校生サミットのプログラムを改善することを目的としてポートフォリオが用いられた。生徒の成長を評価して指導に活かすというよりも、本プログラムが生徒たちにとってどのような意味合いを持つのかを見極めることが重視されている点に留意してほしい。

　高校生サミットでは、初回のワークショップにおいて、ポートフォリオの容器としてクリアファイルが生徒に配布された。クリアファイルには、表紙とワークショップごとの振り返りシート（資料1-3）、自己評価の参考となるルーブリックを予め入れておいた。表紙と振り返りシートの作成に際しては、OPPシートの構成要素を参考にした。まず表紙には、高校生サミットのプログラム前・後で共通する問いと「学習全体を通した自己評価」欄が設けられている。前・後で共通する問いは、「地域の環境を守り、自然災害から人々を守るためにはどうすればいいのか？　あなたは何ができるか？」と設定した。これは、高校生サミットのプログラム構想の根幹にある問題意識であった。約半年間のプログラムを通して、生徒に考えてほしいことを前・後で共通の問いとして設定し、最後に回答を比較して自己評価することを求めた[4]。

　ワークショップごとの振り返りシートでは、ワークショップでのグループワークでの貢献や、共同研究の探究の深まりを自己評価させる欄を設け、4段階で自己評価させている。さらに、なぜこのレベルだと考えたのか、理由やエピソードとともに記入させることで、根拠を伴う自己評価ができるようにさせている。この振り返りシートは毎回のワークショップの最後に記入時間を設けた。他方、各学校で共同研究の調査に取り組んでいる際に記入する欄を別に用意することで、継続的に探究の記録が蓄積されるよう方向付けている。また、自己評価欄だけでなく共同研究の成果や疑問点、次回のワークショップまでの課題を書く欄を設けた。生徒の情報整理に役立つ欄を設ける

ことで、生徒の探究を教師が評価するための道具ではなく、生徒の探究に資するワークシートを目指した。毎回同じフォーマットの振り返りシートを用いることで、生徒の変化を比較・評価することを容易にしている。

OPPシートとこのワークシートの間には違いもある。OPPシートの「学習履歴」では本時の授業の一番大切なことを書かせている。他方、筆者が作成したワークシートでは記入する内容をある程度方向付けている。それは、高校生サミットでは活動が多岐にわたり、また情報整理に役立ち生徒の探究に資するワークシートを目指したからである。OPPAはポートフォリオ評価法の課題を乗り越えることが出発点であったが、ポートフォリオ評価法とは独立に独自の理論と実践を積み重ねてきた。しかし、OPPシートの構成要素は、学習の目的や見通しを生徒と共有することで自己評価の観点を生徒に認識させることができることから、ポートフォリオ評価法で活用するワークシートの作成にも役立てることができると考えられる。

最後に、ワークシートを作成するにあたって1点注意を促したい。上記のワークシートでは、毎回同じフォーマットの振り返りシートを用いた。他方、この期間で問いを立て、この期間で調査・研究、まとめ・発表というように、学習指導要領解説の探究のモデルに従って予めワークシートを用意する事例も見られる。しかし、探究の指導を経験すればわかるように、実際には様々な局面が複雑に絡み合って探究が進む。探究のモデルと探究の実際とは異なるのである（田中耕治・西岡加名恵『総合学習とポートフォリオ評価法　入門編』日本標準、1999年、p.24）。問いに立ち戻って問いを深めるような、有意味な探究の紆余曲折を捨象しないように注意する必要がある。

総括的評価にポートフォリオ評価法を
活用する可能性と留意点

本稿では形成的評価に活用することを念頭にポートフォリオ評価法を紹介

したが、総括的評価に活用する意義も考えられる。第一に、グループで探究活動を行う場合である。最終成果物からはグループ全体の探究の質しか見とれないが、個々人でポートフォリオづくりを行うことで、個々の生徒の考えや探究スキルの成長を捉えることができるだろう。

　第二に、対外的な応答責任を果たすための活用である。最終成果物のポスターやレポートでは、首尾一貫した論理を紡ぐことが重要なため、探究の過程における紆余曲折や困難は捨象されがちである。ポートフォリオ活用の先進校である相模原市立谷口中学校では、ポスター発表や討論会に加えて、参観者にポートフォリオを見せながら一対一で自身の探究を説明する時間が設けられていた（田中耕治『総合から教科へ、谷口中学校の取り組み』岩波映像、2003年）。この活動では、アンケートの数値やルーブリックの評定からは見えない探究活動の生の姿を参観者に提示するとともに、探究過程における教師の支援の具体を示すこともできる。具体的な探究の過程を伝えることは、学校の探究活動の魅力を対外的に発信することにつながる。

　このような可能性がありつつも、評定づけにポートフォリオを活用することには注意を要する。評定づけに活用する場合には、基準準拠型ポートフォリオのように、評価基準・ルーブリックや収集すべき資料を明確に提示することが必要である。そして生徒が明示された規準・基準に沿って作品を創り、ポートフォリオを編集することになる。このように活用することで、求める理解やスキルを「目標に準拠した評価」として評価することができる。しかし、事前に明示された基準に囚われると、事前の想定を超える生徒の探究の深まりや良さが捨象されてしまったり、評価基準に合わせるあまり生徒の自由な発想による探究が阻害されてしまう可能性には気をつける必要がある。

　なお、指導要録で評定をつける必要がある「理数探究基礎」「理数探究」においては、求める知識・スキルや理解を「目標に準拠した評価」として評価することも必要だろう。この知識・スキルや理解は、「標準ルーブリック」（第3章）の観点にあるような探究の手続きの理解やスキルにとどまらない。

例えば、「理数探究基礎」や「理数探究」では、「研究倫理」について理解させることが学習指導要領で謳われている。研究倫理の具体例としては、データのねつ造や論文の投稿が科学の信頼を損ね科学の健全な発展を脅かすことに繋がることの理解、生命倫理、人権等への配慮が挙げられる（文部科学省『高等学校学習指導要領（平成30年告示）解説　理数編』2018年、p.21）。人権等への配慮を例に挙げると、インフォームド・コンセントやプライバシーの保護についての理解が考えられる（白井利明・高橋一郎『よくわかる卒論の書き方』ミネルヴァ書房、2008年、pp.120-121）。

　しかし一口に理解と言っても、様々な質の理解が考えられる。例えば、これらの配慮の具体例を挙げられるようになること、探究過程の質問紙調査において、協力しない自由があることを説明したり質問紙を厳重に管理したりできること、なぜこれらの配慮が求められるのか説明できること、他者の探究事例をレビューし、研究倫理上の問題点と改善案を提案できること、などである。もし評定をつけるのであれば、探究過程で発揮される力を成果物から判断するだけでなく、筆記テストも含む様々な評価方法を総合して活用することで、指導要録の観点別評価を行うことができるだろう。どのような資料を残させるのかを事前に考えるポートフォリオ評価法は、ポートフォリオを設計するなかで様々な評価方法を活用する場面を想定することで、多彩な評価方法を組み合わせるために活用することもできる（西岡加名恵『教科と総合のカリキュラム設計』図書文化、2016年、p.183）。

資料1-3　表紙とワークショップごとの振り返りシート

〈注〉

(1) 本節では形成的評価と総括的評価を、評価する時期ではなく、評価する目的によって区分している。すなわち、形成的評価は教授・学習活動の改善を目的とし、総括的評価は資格や選抜、アカウンタビリティを目的とした評価活動である（二宮衆一「教育評価の機能」西岡加名恵・石井英真・田中耕治編著『新しい教育評価入門増補版』有斐閣、2022年、pp.61-62）。

(2) 2003年当時は一枚ポートフォリオ法（PAOP: Portfolio Assessment in One Paper）と呼ばれていた。ただし本稿では、一枚ポートフォリオ評価を総括した、堀哲夫『新訂一枚ポートフォリオ評価』（東洋館出版、2019年）に倣い、一枚ポートフォリオ評価（OPPA）と記している。

(3) OPPAの「本質的な問い」は、「逆向き設計」論における「本質的な問い」とは全く同じというわけではない。単元や教科、教育全体を通して生徒にどうしても理解してほしい内容を捉える点で両者は共通しているが、明確に異なる特徴も有する。OPPAの「本質的な問い」は、「『食料』という言葉を使って文を三つ書きましょう」、「この評論で著者が最も伝えたいことはなんでしょうか」のように、生徒に直接問いかけるものである（堀哲夫『新訂一枚ポートフォリオ評価』東洋館出版、2019年、pp.205-232）。他方、「逆向き設計」論における「本質的な問い」は、教科の中核に位置付くような「原理や一般化」と対応する「永続的理解」を看破することを促すような問いであり、この「本質的な問い」を問わざるを得ないパフォーマンス課題を設定する（西岡加名恵『教科と総合のカリキュラム設計』図書文化、2016年、p.51、pp.90-99）。

(4) 実際の生徒の記述は、鎌田祥輝「高大連携による教育評価研究プロセスに関する検討」『教育方法の探究』第24号、2021年、p.64を参照。

グループでの評価をどうデザインするか

福嶋 祐貴

　共同研究という研究の形があるとおり、複数の学習者にグループを組ませて探究を進めさせることは多い。その目的は、複数の視点を取り入れることで探究の質を高めるため、協働することでチームワークや協働性の増進を図るためなど様々である。

　しかし、その評価となると、個人探究の場合とは異なる難題に直面する。たとえば、グループの評価と個人の評価をどう結び付けるのか、複数のグループの探究プロセスを見取るにはどうすればよいか。その解答は、簡単に得られるものではないし、ここではっきりと提示できるわけでもない。しかし、これまでの協働的な学習の理論や実践の蓄積にはその手掛かりがある。協同学習や協調学習のアイデアを参照しながら考えてみよう。

まずは個人に焦点を合わせてみる

　グループでの学びの有効性を示唆する概念に「最近接発達領域」がある（ヴィゴツキー著、柴田義松訳『思考と言語』新読書社、2001年、p.298）。学習者が自力で解決することのできる課題のレベルと、他者（厳密には教師やより能力の高い学習者）に助けられて解決できる課題のレベルの間の領域のことである。この概念を用いて、他者と共に学ぶことの意義がしばしば語られてきた。注目したいのは、この概念が定義上、個人の学びに焦点を合わせていることである。つまり「最近接発達領域」概念が語るのは、他者とと

もに学ぶことが大事であるのはあくまでそうしたほうが多くの個人にとって有効であるからで、ひとりでは生み出せない成果をグループなら生み出せる——といった創発性を志向するものではなかった。

　協同学習や協調学習でも同様である。1970年代に米国で提唱されて以来日本でも広く実践されてきた協同学習の理論は、いくつかの条件を変数として設定することでグループでの協力的な学びを促そうとする学習指導理論であり、その多くが学習のデザインに「個人の責任」という要素を組み込むよう勧めてきた。これはいわゆる「ただ乗り」（フリー・ライダー）を防ぐべく、学習者が自らのグループに一定の貢献をする責任を負うというものである。協働で取り組む探究でも、他のメンバーに作業を任せて自分ひとりは手を抜くという事態を防ぐために必要となる。たとえば協同学習技法の一つ「ジグソー法」では、ピースが一つでも欠けるとジグソーパズルが完成しないように、学習者が自分の担当箇所を放棄すると、グループの他のメンバーがその箇所のことを学べなくなってしまう。こうした手立てによって協同学習では、個々の学習者が一定の知識や技能（いわゆる社会的スキルを含む）を習得することが目指されてきた。

　協調学習の関心も、もともとは個人の認知や価値観の変化にあった。理論的には、たとえば苦手意識を持ちながらも他のメンバーと取り組むことで探究や協働に関する価値観が変化するというように、学習者が学校内外での生活において変容させてきた学びに対する価値観（文化）を、他の学習者のそれと相互交渉させることによって再びつくり変えていく、「文化再変容」というプロセスが提起されていた（Bruffee, K. A., *Collaborative Learning* [2nd ed.], The Johns Hopkins University Press, 1999参照）。ここでも関心は、個々の学習者がどう価値観を変化させていったのかという点にあった。

　ここまで見てくると、いかにグループでの学びであるとはいえ、学びの主体は根本的には個々の学習者なのであって、それぞれがいかに目標を達成したり、どのような方向に情意を変革させたりしてきたのかが主な関心事にな

ると考えられる。一斉学習や個別学習といった他の学習形態と同じく、個人レベルでの「目標に準拠した評価」や個人内評価を行うのが基本となる。

　しかしながら、グループでの学びを考えようとしているのに、個人レベルの議論ばかり重ねていてはやはり一面的である。なぜなら、グループで取り組む協働的な探究の場合は特に、個人だけでは生み出しえない類の成果がしばしば見られ、それをグループの所産として評価していくことがしばしば求められるからである。視点を広げてみよう。

共同体レベルへと視点を拡張する

　学習概念の歴史的展開を顧みれば、もともと知識や技能を教授されて「獲得」することが学習であると考えられてきたが、1980年代の終盤から共同体の文化的実践に「参加」することを通して学習が生じるとする考え方が現れた。ジーン・レイヴ（Jean Lave）らの「正統的周辺参加」論が代表的である（ジーン・レイヴ他著、佐伯胖訳『状況に埋め込まれた学習』産業図書、1993年参照）。

　「正統的周辺参加」は、新参者が実践共同体の中でどのように熟達を遂げていき、中心的な存在になっていくのかを理論化したものである。徒弟組織では、新参者は初めから実践の中核というべき重要な役割を担うのではなく、最初は実践全体を見渡せる位置から熟達者の行いを観察し、徐々に見習いとして、失敗しても全体に及ぼす影響が小さくて済むような役割を果たしていく。こうした参加形態は「周辺的」であるとは言え実践全体とのかかわりが深く「正統的」である。

　「正統的周辺参加」の過程において、新参者は師匠から直接何かを指示されたり教えられたりして学んでいくわけではない。彼らは他の徒弟と共に参加する中で様々なことを学び、共同体の一員としてのアイデンティティを築き上げていく。学びの対象となる知識や技能は、実践の文脈すなわち状況に埋め込まれた形で学習される。既存の研究プロジェクトや地域の取組に参加

する中で、その一員としての自覚や知識・技能等を身に付けるといった形態がこれに該当する。

　しかし、伝統的な徒弟制をモデルとした「正統的周辺参加」の学習観は、学校教育にそのまま適用するのが難しい。そこで、このアイデアに影響を受けつつ、学校教育での共同体による文化的実践の形を提案したのが「認知的徒弟制」である（ジョン・ブラウン他著、道又爾訳「状況的認知と学習の文化」『現代思想』第19巻第6号、青土社、1991年、pp.62-87参照）。

　「認知的徒弟制」は、教師を師匠（教科の熟達者）、学習者を徒弟に見立てて、教科の探究という文化的実践に共同体として取り組んでいく学びの在り方を示したものである。教師は、教科の熟達者が用いる課題遂行方略を学習者たちに示して観察させたり、学習者たちが熟達者の実践に近づけるよう足場かけなどの支援を講じたりする。あわせて、学習者たちは課題解決に向けて多様な役割に従事したり、自分が用いた方略について説明しあったりする。これにより、学習者たちは教科の実践に徐々に熟達していくことができる。大学や研究機関において何らかの専門家のもとで指導を受ける中で、その分野で共有されている考え方や価値観に浸るという学びは、この「認知的徒弟制」に該当する。

　共同体レベルで学びと評価をデザインするためのもう一つのヒントが、マイケル・トマセロ（Michael Tomasello）らが提唱した「文化学習」である（マイケル・トマセロ著、大堀壽夫他訳『心とことばの起源を探る』勁草書房、2006年参照）。学びの対象（知識・技能など）や道具には、先行する世代が蓄積してきた歴史が込められている。こうした事物を「人工物（アーティファクト）」と呼ぶ。学習者は「人工物」を引き継ぎ、個人や集団による創造的な改変を行うことで、それを発展させていく。このように累積的に進化してきたものとして文化を捉え、世代間で文化が伝達・維持・創造される仕方を描いたのが「文化学習」のモデルである。この過程で学習者は、時空間を共有する他の学習者や教師だけでなく、「人工物」に歴史を込めた先哲たちとの仮想的な対話にも従事する。課題探究において、先行研究や先輩

の探究から課題やプロジェクトを引き継ぐような形を想起されたい。

「認知的徒弟制」と「文化学習」において学習者は、他者とともに学習に取り組むことで、特定の文化的実践に参加したり、それを継承し発展させたりしていく。先の「文化再変容」に対して、こちらは「文化適応」の学習過程と言い表すことができる。

「文化適応」型の学びを評価するとき、個人が共同体の実践においてどれだけ熟達できたか、知識や技能を身に付けて文化適応を図ることができたかという個人的な観点ももちろん重要になる。しかしそれだけではなく、いかに本物の専門家集団のように実践できたか（本物の専門家集団のように実践することができたか）、先人の文化を受け継ぎ、それを協働で発展させることができたかといった、共同体レベルの視点を取り入れることも可能である。学習集団の協働の実践としての学びは、こうした個人的な視点と集団的な視点の両方で考えていくのがよい。

ただ、本節でテーマとしているのはグループ（小集団）での学びとその評価であって、ここまで取り上げてきた考え方は、規模として小さすぎる、あるいは大きすぎるかもしれない。もちろん無関係ではありえないのであるが、中間的な規模であるグループでこそ特有な観点はあるのであろうか。具体的な評価の方法を挙げながら考えてみよう。

グループとしての学びを捉える

グループでの学びを評価するときにも、基本的に次の二つの手立てが講じられる。すなわちプロダクト（学習や探究の成果）に注目するのか、プロセス（学習や探究の過程）を見取るのかである。もちろんこれらは両方とも採用されることも多い。

プロダクトを評価するとなれば、当然グループで生み出した何らかの成果物（作品）の質の高さを評価することになる。ここまでは個人での学習や探究の場合と共通なのであるが、グループでの学びの場合、グループでこそ生

み出せる成果物かどうか、メンバー全員が責任を持って参加できていたと言えるのかといった視点もあわせて必要である。

　現実的に、グループの成果物への評価をメンバーの得点に平等に反映させるのか、それとも果たした役割の大きさによって傾斜配分を行うのかといった、採点・評定に関わる問題もある。いずれの手立てを取るにしても、学習者が不平等感を抱かないよう、事前に学習者と合意形成を図っておくなどして公正な評価を実現していくことが重要である。

　グループでの学びのプロセスを評価する方法もいくつか考えられる。たとえば、長期間にわたるプロセスを見るなら、ポートフォリオや研究ノートの類を活用するのがよい。この場合、グループで一つのポートフォリオ等を作らせるようにしておけば評価しやすい。もちろん個人のポートフォリオでも、グループ活動の振り返りを記録させたり、他のメンバーからインスピレーションを受けた箇所をメモさせておいたりするなどして、ある程度はグループでの学びのプロセスを把握することは可能である。

　あるいは、観察法や音声・動画等の記録による方法もある。個人の思考過程を可視化するのは困難であるが、それに比べてグループとしての何らかの成果物が作られるまでの「思考」の過程は外から見やすい。ただ、観察や録画等によってグループ活動の全行動・全場面を網羅しようとすれば、いわゆる「記録のための記録」に陥ってしまい、評価の目的が教育評価から逸脱していくおそれがある。部分的にしか評価できないという前提のもとで、あくまでもグループでの活動に対する支援や軌道修正を行う程度にとどめるのがよい。

　他にも、グループでの学びに参加している当事者自身の目を借りて、自己評価や相互評価を活用していくという手もある。これらは「学びとしての評価」という観点からも有意義な営みである。ただし、自己評価や相互評価を信頼できる評価にするためには、評価の実施にあたって学習者との間で評価基準を十分に共有しておくことや、「評価の目で見る」ということに学習者をある程度慣れさせておく必要がある。

いずれにしても、プロセスのどの側面を捉えたいのかが重要である。成果物が完成していくまでの過程を見るのであれば、プロダクトと同じようにすればよい。しかしもし、グループとしてのまとまり（凝集性）やチームワークの良さ（協働性）を評価したいのであれば、それらをどのような基準で捉えるかが問題になる。探究を通して協働に対する肯定的な価値観を育むのが主な目標なのであれば、「協同作業認識尺度」など、教育心理学において開発されてきた尺度で評価するといった手立ても考えられる（長濱文与他「協同作業認識尺度の開発」『教育心理学研究』第57巻第1号、2009年、pp.24-37参照）。

　一方、協働の在り方そのものに着目したいという声も多い。その際参考になるのが、グループの内部で交わされる言葉のやりとりに注目する方法である。会話分析の手法を応用してグループ探究のチャットのやりとりを分析した研究によれば、グループ内のやりとりには三つの特徴があるという。第一に、その中では、活動状況を支える「人工物」や、進行中の会話の内容を指す、状況依存的な言葉（指示語など）が多用される。第二に、グループの内部でのみ通じる言葉（略語など）がつくられる。第三に、すべての発言が特定の目的に向けて投げかけられる（Stahl, G., *Group Cognition*, The MIT Press, 2006, p.247）。

　このアイデアを参考にしてみると、たとえばグループの中でしか通じないような独特な言葉（語彙）が用いられたときの反応を見ることで、それまでの過程についてこられたかを確認できるほか、探究や活動の目的に適合しない発言に注意することもできる（むろん、適合していない発言に価値がないわけではない）。これらはあくまで一例であるが、指導・支援の着眼点を考える手掛かりにはなる。

教育評価の視点を持つこと

　ここまで個人・共同体・小グループという三つのレベルで、グループを組

んで他者とともに行う学びの評価のポイントを考えてきた。しかしながらそうした評価は、明確なハウツーを提示できるほどにやさしい営みではない。

　その理由の一つに、これまで触れてきた様々な理論・実践からも示唆されるように、グループでの学びはきわめて状況依存的であるために、評価するのが難しいというものがある。たとえば、グループで取り組むほどでもないような難易度の課題では、肝心のグループがうまく機能しないことがある。グループを取り巻く「人工物」（授業内容をまとめた側面掲示、グループで用いるICT端末、グループ活動のために配置された座席など）の影響も大きい。さらに言えば、誰とグループを組むのかによってもやりとりの活発さが変わってくる。

　このように、学習活動の内容、「人工物」、仲間、集団の大小によって、グループでの学びは、そもそも開始前に既にある程度の影響を被っており、評価の妥当性と信頼性を高めにくい。協働性を評価しようとするならばなおさらであるし、全人評価に陥るという別の危惧もある。そのため、グループでの学びを評価するにあたっては、評価の目的も含め慎重になる必要がある。

　評価によって指導や支援を改善していくという、教育評価の基本的な視点を持って、グループでの評価のデザインを追求していくようにしたい。そのためには、①探究・協働の目的に照らして評価の観点を精選すること、②誰の学び・探究なのかを明確にすること（個人、共同体、グループ）、③凝集性や協働性の評価は、なるべく探究を軌道修正し促進するための形成的評価にとどめること、④自己評価や相互評価には根拠を付けさせ、教師による評価とすり合わせること、⑤協働での探究は課題やグループの質に左右されるため、教師の介入・支援を前提としてダイナミックに評価することなどがポイントとなるであろう。

〈参考文献〉

・福嶋祐貴『米国における協働的な学習の理論的・実践的系譜』東信堂、2021年。

「探究的な学習」を
評価するルーブリック

西岡 加名恵

近年、スーパーサイエンスハイスクール (SSH) などで取り組まれている「探究的な学習」を評価する際に、ルーブリックを活用する取り組みが広がっている。本節ではルーブリックとは何か、どのように作ることができるのかを改めて確認したうえで、「探究的な学習」を評価するルーブリックを使用する際の注意点を確認する。

ルーブリックとは何か

ルーブリックとは、成功の程度を示す数レベルの尺度と、それぞれのレベルに対応するパフォーマンスの特徴を記した記述語から成る評価基準表である。いわゆる客観テストの場合、○×で採点することができる。一方、レポートやプレゼンテーションといったパフォーマンス評価の方法を用いた場合には、レベル5（素晴らしい）、レベル4（良い）、レベル3（合格）、レベル2（もう少し）、レベル1（かなり改善が必要）といった、レベル別に出来映えを分類して評価するルーブリックを、評価基準表として用いることが多い（拙著『教科と総合学習のカリキュラム設計』図書文化、2016年参照）。

表1-5（p.64参照）は、「総合的な探究の時間」などで取り組まれる社会科学的探究について提案されているルーブリックの一例である。このルーブリックでは、「課題設定」「資料の収集と分析」「結論や解釈の構成」という三つの観点について、レベル1〜5で評価するものとなっている。なお、こ

れらの三つの観点は、探究が進むプロセスでの場面ごとに用いられるものではなく、探究が進む際に繰り返し適用されるものだという点に留意いただきたい。つまり、たとえば「課題設定」の観点は、課題設定の場面、資料収集の場面、発表の場面のすべてにおいて適用されることにより、設定される課題の質がどのように深まっているのかを捉えることとなる。

　また、記述語の欄には、太字と細字が用いられている。太字がそのレベルだと判断する際の基準であり、細字は基準が満たされる場合に見られる徴候の例を示すものである。例示されている徴候が見られない場合にも、基準を満たす場合がありうる点に注意が必要である。

　なお、第1節で述べた通り、「探究的な学習」の目標は学校によって多様でありうるので、ルーブリックで表されるような評価基準についても、個々の学校の目標に即したものにしなくてはならない。学校が設定している目標が違えば、他校で開発されているルーブリックを流用することには無理がある。

　「探究的な学習」の多彩な取り組みの中では、人文科学・社会科学・自然科学といった学問に照らした認識の深まりだけでなく、コミュニケーションやマネジメントといった汎用的スキルの育成が目指される例もある。たとえば表1-6（p.66参照）は、兵庫県立尼崎小田高等学校など7校の連携による「瀬戸内海の環境を考える高校生フォーラム」の運営と共同研究を担う「生徒実行委員会」の活動のために開発されたルーブリックの一例である。こちらでは「認識の深まり」「コミュニケーション」「共通課題のマネジメント」という三つの観点について、1〜4の四つのレベルで評価するルーブリックとともに、教師がルーブリックを参照しつつエピソードを記入できる欄が用意されている。

表1-5　社会科学的探究のルーブリック

ゼミ　　　　H　　　NO.　　　氏名

評価の基準	目標到達度	1学期	2学期
	具体的特徴	年度始めに概ね生徒が到達していると思われるレベル	1学期末に一般に到達してほしいレベル
		探究の手続きがわからず、探究を進められない	個々の探究の手続きを意識して探究活動を行っている
観点　＼　レベル		**1**	**2**
課題設定	●問い／対象の特定 ●仮説の形成	自分で課題を見出せず、対象の選び方も極めて漠然としている。 自分で問いを立てられていない。興味のある題材を見出していないか、特にこれといった理由もなく選んでいる。	興味のある題材を見つけ、問いを抱きつつあるものの、漠然としていて探究の中軸にはできない。 具体的な題材を選び、問いを持てているが、漠然としていて探究の計画と遂行につなげられていない。対象の絞り込み方に根拠が見られない。
資料の収集と分析	●学問的背景の焦点化 ●社会科学的な資料収集・資料分析 ●分析における信用性の確保	資料収集がほとんど行われておらず、収集方法も一貫していない。収集した資料に対して分析を進めることができない。 教員が薦めた概説書を読むも、どのようなアプローチで資料を収集していけばよいのかが見えず、不十分な収集に終わっている。得られた資料を分析するにも、そのやり方が見えていない。	一定の資料収集を始めているものの、収集・分析の仕方に十分な一貫性が見られない。分析は進めつつあるが、信用性に欠ける。 教員が薦めた概説書を参考に資料を収集し、分析しようとしているが、そのアプローチが一貫しておらず、妥当なものではない。分析の過程を形に残しておらず、当てにできるものにはなっていない。
結論や解釈の構成	●自分なりの結論や解釈の構成 ●厚みのある記述 ●結論や解釈の妥当性の確保 ●成果に対する省察	分析をしたとしても、結論や解釈が構成できない。根拠に基づいた考察ができない。 分析したことをもとに結論や解釈が構成できず、まとまった成果にならない。考えた形跡が見られず、まったくの素人でも考えつくようなレベルに終始している。	結論や解釈を構成できるが、一面的で、厚みのあるものではない。自分なりに考察することがあまりできない。 考察において、対象の文脈を意識できていない。成果も、ただ単に情報を羅列してつなげたものに過ぎない。情報の量と質は概ね概説書の範囲内であり、自分なりに考え抜いた考察とは言い切れない。
寸評	1学期終了時		中間発表会終了時

大貫守氏作成の自然科学的探究のルーブリックをもとに、富山県立富山中部高等学校との共同研究を経て福嶋祐貴氏が作成したもの。西岡加名恵編著『「資質・能力」を育てるパフォーマンス評価』明治図書、2016年、pp.116-117。なお、引用に当たり、引用者が少し加筆した。

研究テーマ　　　　　　　　　　　　　　　　評価者：

3学期		
2学期末に一般に到達してほしいレベル	3学期末に一般に到達してほしいレベル	高校生の中でも極めて高い実力があると考えられるレベル
個々の探究の手続きを理解して探究活動を行っている	一連の探究の手続きを理解して探究活動を行っている	一連の探究の手続きを理解して省察をしながら探究活動を行っている
3	4	5
興味のある題材について具体的な問いを立て、根拠を持って対象を焦点化できる。探究の中で仮説が形成されつつある。 問いが具体的であり、その解決にあたって見るべき対象を、根拠を持って選べている。問いに対する答えが仮説という形で徐々に見えてきている。	ある題材について具体的な問いを立てており、検証可能な仮説を形成している。その立証のために妥当なサンプリングを行える。自らの課題の意義が明確である。 課題に対して探究を行う過程で、仮説が量的あるいは質的な検証に耐えうるレベルにまで具体化され、妥当な根拠を持ってサンプリングを行っている。課題の意義を明文化できている。	探究を行う中で、問い、仮説、サンプリングが洗練されている。今後を見据えながら、課題の意義、可能性、限界を明確にできる。 探究を通して、問いが練り上げられ、それに対して社会科学的に検証可能な仮説を持ち、妥当な根拠を持って最適なサンプリングを行っている。次へとつなげるように、自らの課題が有する意義、可能性、限界を明文化できている。
自律的に一貫した資料収集・分析を行える。分析は進められるが、信用性という点では課題が残る。 教員が薦めた概説書以外も参考に、資料を収集・分析している。そのアプローチは一貫しているが、それを選んだ根拠は明文化できていない。分析の過程が残っていても、他の人の目から見て分かりやすいものにしようという工夫は見られない。	依拠すべき学問的背景を意識し、概ね自律的に一貫した資料収集・資料分析ができる。概ね信用性のある分析が行える。 先行研究や専門的な文献を参考に、資料を収集・分析している。収集・分析に対するアプローチと、その選択の根拠たる背景を明文化できている。分析の過程を積極的に残しており、他人からチェックを受けることを想定した工夫が見られる。	依拠すべき学問的背景を明確に持ち、自律的に多角的な資料収集・資料分析を行える。信用性のある分析ができる。 先行研究の方法論を検討しながら、資料を収集・分析している。収集・分析のアプローチを複数とっており、それぞれについて依拠する学問的背景と、その選択の根拠を明確に述べることができる。分析の過程で図表等を駆使したり、自分の主観の入り込んだ場所をチェックしたりして、信用性を高めている。
分析結果から、根拠を持って概ね論理的な結論や解釈を構成し、自分なりの考察を行える。一貫性・妥当性という点では課題が残る。 これまでに得られたことから、概説書に従うことなく自分なりに考え抜いて考察を行い、ひとまずの成果としてまとめている。探究全体を視野に入れた成果にはなっていない。主観的判断・バイアスにはあまり注意できておらず、一通りの視点からしか考察できていない。	もっともらしく根拠を選びとって結論や解釈を構成できる。探究全体を振り返りながら、自分なりに一貫性のある考察を行える。妥当性を高める工夫に目を向けられる。 これまでの探究で得られたことを、先行研究などと関連させながら、論理的に一貫性のある形でつなげ、成果としてまとめている。自らの主観的判断やバイアスに注意しており、他の人の視点を取り入れたり、自発的にチェックを頼んだりしている。	正当に根拠を選び、論理的な結論や解釈を構成できる。成果を執筆する中で省察を行いながら、一貫性を持って課題を多角的に考察できる。妥当性を高める工夫を実行できる。 先行研究との比較、学問的位置づけ、一般化・転用可能性、想定される反証、今後の課題など、省察に基づく多様な目配せが成果に見られる。自らの主観的判断やバイアスに自覚的であり、他の人の視点や、他の分析手法を自発的・積極的に参照し、取り入れている。
	課題研究終了時	

表1-6　生徒実行委員会用ルーブリック（2015年度）

	認識の深まり	グループワーク		個別記入 到達していると感じるエピソード等
		コミュニケーション	共通課題の マネジメント	
4	次の展開に向けた創造的な活動ができる。 深まった認識により、社会的な問題と捉え、発信することができる。次の展開に向けた創造的な活動ができる。多岐にわたる情報をまとめ、創意工夫した表現ができる。	グループ活動に創造的に協力できる。 グループ全体に不足している要素を埋めることができる。話し合いの中に出てきた二つ以上の意見をすり合わせたり、食い違う点を明らかにしたりするなど、グループとしての話し合いの方向付けをする活動が見られる。	全体を見渡して研究の仕上げに貢献できる。 全体をコントロールして、グループの意見をまとめていく取りまとめ役ができる。他者の能力を把握し、実現可能な提案をする。全体を見渡して、不足しているところや弱いところを見つけ、行動できるなど、自分が参加することの重要性を理解して、自ら行動できる。	
3	課題の本質を捉えている。 各校で行った探究の成果を持ち寄り検討することで、課題の性質や特徴に迫っている。地域をまたいだ調査結果に基づき、自らの位置を見つけ、次の課題を見つけられる	グループ活動に多様な参加ができる。 話の流れに沿いながら、建設的な意見、批判的な意見、証拠を踏まえた意見、客観的な意見など、多岐にわたる発言をすることができる。	集団の中で自分の役割を見出している。 量的問題を扱う研究の段取りができる。内容を深めることができる。リーダー、ご意見番、記録、実働、分析、PC係等の役割に就き、グループワークを活性化する方向で働いている。	
2	課題を認識している。 各校の活動を通して、共通課題の認知ができている。調べ学習で得た知識との共通点や異なる点が分かる。実験に参加して次の展開に意識が向いている。	話し合いに参加できている。 自分の頭で考えた意見を述べる、これまでに知り得たことを紹介するなど、話し合いの中に参加し、グループに情報を加えることができる。	セルフマネジメントができている。 質的問題を扱う研究の予定を立てて実行できる。段取りができる。宿題をこなすことができる。共通課題の性質や目的を捉え、自主的に参加している。	
1	知識が足りていない。 共通課題について認識が浅い。インターネットで調べ学習はできる。	話し合いに参加できていない。 周りの意見を聞くのみである。話し合いの際に自分の意見が言えない。台本を読むように、決められたことをするのみ。	セルフマネジメントに問題がある。 予定を立てられない。段取りができない。決められた集まりに来れない。宿題ができない。	

本宮裕示郎「兵庫県立尼崎小田高等学校による生徒実行委員会の意義と課題」『思考力・判断力・表現力育成のための長期的ルーブリックの開発』平成25-27年度科学研究費補助金　基盤研究(c)（研究代表者：田中耕治）研究成果最終報告書、2016年3月、p.111。

ルーブリックの作り方

　ルーブリックは、通常、生徒たちの作品をレベル別に分類し、それらの特徴を読み取ることで作成することができる。「探究的な学習」の場合は、中間検討会の折のレジュメや、生徒たちの発表の様子（を録画したもの）、最終報告のポスター・論文などを作品としてルーブリックづくりに取り組むことができる。

　具体的には、資料1-4のような手順でルーブリックを作ることができる（ここでは、五つのレベルで作品を分類してルーブリックを作ることを想定しているが、レベルは三つ程度でもよい）。

　ただし、「探究的な学習」の場合、「中間検討会」「最終報告」といった場面ごとに評価をする発想ではなく、「探究」のプロセスを一貫して繰り返し同じ評価規準（基準）で評価していくことが重要である。したがって、たとえば「中間検討会」の折の作品で作られたルーブリックと、「最終報告」の

資料1-4　ルーブリックの作り方

> ① 生徒たちの作品を数個～20個程度集める。
>
> ② パッと見た印象で、「5 素晴らしい」「4 良い」「3 合格」「2 もう少し」「1 かなり改善が必要」という5つのレベルで採点する。複数名で採点する場合は、お互いの採点が分からないように、評点を書いた付箋紙を裏面に貼り付けるといった工夫をするとよい。
>
> ③ 全員が採点し終わったら、付箋紙を作品の表に貼り直し、レベル別に作品を分ける。それぞれのレベルに対応する作品群について、どのような特徴が見られるのかを読み取り、話し合いながら記述語を作成する（優れていると判断された作品群から検討する）。なお、複数名で作る場合は、評点がだいたい一致した作品群から検討するとよい。
>
> ④ 一通りの記述語ができたら、評価が分かれた作品について検討し、それらの作品についても的確に評価できるように記述語を練り直す。
>
> ⑤ 必要に応じて評価の観点を分けて、観点別ルーブリックにする。たとえば、観点によって作品の評点が入れ替わる場合は、観点を分ける方がよい。ただし、観点の数は、多くても6個までにすることが望ましい。

西岡加名恵『教科と総合学習のカリキュラム評価――パフォーマンス評価をどう活かすか』図書文化、2016年、p.103。ただし、少し加筆修正した。

折の作品で作られたルーブリックを重ね合わせて、「探究」の始めのころから最終まとめに至るプロセス全体を通した成長を捉えるようなルーブリックを作ることが望ましい。

なお、第3章で紹介している「標準ルーブリック」を開発した際には、まず先生方の経験に基づいて生徒の成長を捉えるルーブリックを予備的に作成し（第1回研究会）、続いて最終成果である論文を用いてルーブリックを検証し（第2回研究会）、さらに何名かの生徒の事例と照らし合わせてルーブリックを再検証するとともに、指導方略を議論した（第3回研究会）。このようなルーブリックづくりの作業は、生徒の「探究」の姿をより的確に指導する上で基礎となる先生方の評価力を高めるとともに、評価の目線を合わせる点でも意義が大きい。

ルーブリックを使用する上での注意点

このようなルーブリックであるが、「総合的な探究の時間」のような「探究的な学習」において用いる際には、特に次の点に留意が必要である。

第一に、ルーブリックを用いることで、「探究的な学習」ならではの生徒たちの自由な発想や探究の展開を阻害するものとなってはならない。特に「総合的な探究の時間」の場合、SSHで取り組まれてきたような理科・数学という教科の枠内での課題研究を超えて、様々な展開の可能性がありうる（本章第1節参照）。そのような「探究的な学習」を指導するにあたっては、まずは生徒の問題意識や発想を生かした多様な展開の可能性を探るべきである。「探究的な学習」の評価に、必ずしもルーブリックを用いることは必須ではない。ルーブリックで示された評価基準の枠で捉えることよりも、ポートフォリオに蓄積された資料を見つつ、その生徒の問題意識や「探究」の進め方の実態を捉えることのほうが重要である。

特に、新しく「探究的な学習」に取り組み始める各学校においては、ルーブリックづくりにとりかかる前に、まずは「探究的な学習」で目指す目標と

カリキュラムを明確にする必要がある。「総合的な探究の時間」の場合、本来は、生徒自身の関心に応じて自由に課題を設定し、探究する力を身につけさせたいところである（指導要録においても自由記述で評価が記載できる）。個々の生徒がどのような問題意識を持っているのかについては、ポートフォリオに蓄積された資料を振り返り、教師が問いかけ、ともに可能性を探らないとわからないことも少なくない。「探究的な学習」の評価で最も重要なのは、本章第1節の資料1-1（p.17）で紹介したような「検討会」（対話）の場面であり、第2章・第3章の実践報告で繰り返し示される通り、先生方の臨機応変な指導なのである。

　第二に、「探究的な学習」の「断片」だけを対象としたルーブリックをつくってはならない。「探究的な学習」の場合、繰り返し課題が設定しなおされ、徐々に課題が深まっていく。その課題に対応して、できるだけ質の良い情報をより多く集めることが追求される。さらに、集めた情報を論理的に整理し、成果が確認されるとともに、新たな課題が設定される。評価する際には、そういった「探究」の総体を捉えることが求められる。

　筆者自身がSSHから評価について相談され始めた当初、「課題研究の発表（プレゼンテーション）を評価するルーブリックをつくったが、課題研究そのものの質の評価とはズレを感じる」といった悩みの声を聞くことが少なくなかった。もちろん、課題研究の質を評価する際に、生徒たちの発表の様子は一つの資料にはなるが、それだけでは「探究」の総体とはズレがありうることに留意が必要であろう。

　第三に、「探究的な学習」の評価基準のすべてをルーブリックの形式で整理する必要はない。ルーブリックは、「探究」の質を総合的に捉え、その深まりをレベル別に分類して評価するものである。一方、「できているか」「できていないか」の2区分で点検すれば足りる要素については、チェックリストの形で評価基準を整理するほうが適切である（資料1-5）。したがって「探究的な学習」の評価については、ルーブリックとチェックストを併用すると良いだろう。

資料1-5　論文に関するチェックリストの例

☐　題目が書かれている。

☐　作成年月日が書かれている。

☐　作成者の学校名・学年・氏名が書かれている。

☐　調査の目的、方法、結果、考察が書かれている。

☐　引用注が付けられている。

☐　事実や引用部分と自分の解釈や意見とを明確に区別して記述している。

☐　誤字・脱字、わかりにくい表現などがない。

☐　指定された書式が用いられている。

☐　指定された分量内に収まっている。

☐　提出締切までに提出された。

大貫守氏作成のチェックリスト（大貫守・福嶋祐貴・次橋秀樹・徳島祐彌・中西修一朗・本宮裕示郎「高校生の探究を評価するルーブリックの検討」E.FORUM教育研究セミナー、京都大学、2015年8月1日）を参照して、筆者作成。

　第四に、ルーブリックであれチェックリストであれ、評価基準に基づいて成績づけすることを目的化してはならない。教育の目的は、あくまで生徒たちの成長・発達である。ルーブリックやチェックリストは、あくまで生徒たちの実態をより正確に捉え、生徒の「探究」の改善につなげるための手段にすぎない。生徒たちの探究の質をレベル分けしたり、達成項目を点検したりすること以上に、把握された実態を踏まえて指導の改善を図ることが重要なのである。

7

「総合的な探究の時間」と教科を響き合わせる評価

大貫 守

　第1章第3節において、「総合的な探究の時間」（以下、「総合探究」）の活動が教育課程全体に支えられて成立していることを指摘した。特に、多くの高等学校の教育課程の中心には教科領域がある。そのため、教科と「総合探究」の間の相互環流を豊かにしていくことが探究活動の充実の鍵となる。

　本節では、この流れを継ぎ、「総合探究」とつながる教科の指導のあり方について論じる。特に、2022年度より高等学校の指導要録が改訂され、観点別学習状況調査（以下、観点別評価）が導入された。この観点別評価の考え方と総合探究のつながりについても言及したい。

不活性知識と統合された理解

　高校2年生の「総合探究」で「靴の匂いを消す方法」というテーマを探究する生徒を指導する場面を考えてみよう。生徒は文献調査をし、悪臭の一つの要因がブドウ球菌であることを突き止めた。教員はその生徒が以前に細菌の培養実験をし、コロニーを数える方法を学習しているため、原因菌を増やさない方法を提案すると期待していた。ところが、生徒は教師の予想に反し、次の方策がみえず、途方に暮れてしまう（第3章第4節も参照）。

　「総合探究」の指導場面で、前記のように生徒が教科等で学習した個々の知識や手続きを利用できないことは多くの教師が直面したことのある課題であろう。だが、これは「教科―総合探究」間だけの問題ではない。2007年

図1-4　2007年の全国学力・学習状況調査における面積の問題

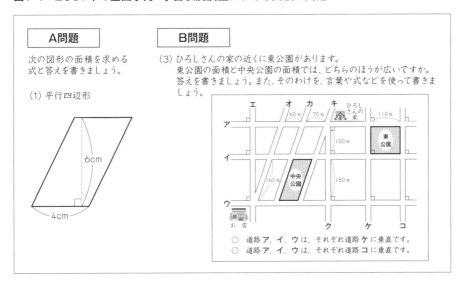

国立教育政策研究所『平成19年度　全国学力・学習状況調査【小学校】報告書』（https://www.nier.go.jp/tyousakekka/gaiyou_shou/19shou_houkoku4_2.pdf　2022.8.30閲覧）。

の小学校の全国学力・学習状況調査の算数の問題（図1-4）を例に見てみよう。A問題で平行四辺形の面積に関する問題が出題された際、底辺が4cmで高さが6cmの平行四辺形の面積を求める問題の正解率が96%であった。だが、B問題で地図中に図形（平行四辺形）が埋め込まれ、その性質を用いて面積を求める場面になると正答率は18%まで下がることになる（特に、平行四辺形の面積を底辺×斜辺としてしまうなど、面積に関するつまずきを示した児童は40%近くにのぼり、辺や周囲の長さで比べるなど面積で比較するという着想ができない児童も20%近くみられた）。このように公式の暗記とそれを適切な場面で使えるかは別の問題であり、子どもは必ずしも教えたからといって、自発的に問題解決にそれを使えるようになるわけではない。

　このような現象が生じる要因の一つに生徒の不活性知識の問題がある。これは1929年に英国の哲学者のホワイトヘッド（Whitehead, A.F.）が提起したものである。例えば、学校で集気瓶に火のついたろうそくを入れて、蓋を

すると火が消えることを説明できる生徒が、日常生活において揚げ物をしている鍋から出火した火に濡れ布巾をかぶせると消火できる現象を説明できないことがある。このように、教えられた文脈の範囲内でしか使えず、その文脈外では活性化されない知識が存在する。

　不活性知識の原因には、生徒の知識の構造化の欠如や学習状況と現実との乖離（かいり）、メタ認知の不足など諸説ある。例えば、理科で炭酸水素ナトリウムの熱分解について学習したとする。そこで、炭酸水素ナトリウムの熱分解が $2NaHCO_3 \rightarrow Na_2CO_3 + CO_2 + H_2O$ という化学反応式で表現され、二酸化炭素の発生によって発泡性が伴うことを生徒は知っていたとする。だが、その知識が「ホットケーキが膨らむ現象」など現実場面と結びつかず、実験室の実験に留まり、現実場面と乖離していたり（現実との乖離）、状況を分析して問題解決に必要な要素を見出す学習方略が習得されていなかったり（メタ認知の欠如）すると、生徒はそれらを現実場面で適切に使うことができない。

　特に、ここでは生徒の理解の様相と不活性知識の問題について考えてみよう。図1-5は、生徒の理解の様相を図示したもので、（A）は不活性知識を

図1-5　生徒の理解の様相

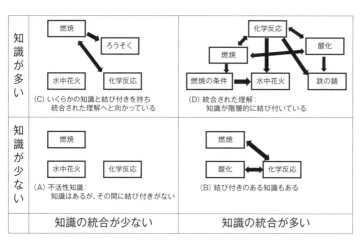

Krajcik, J.S. & Czerniak, C.M., *Teaching Science in Elementary and Middle School*, Routledge, 2018, p.34の図を訳出し、具体的な教育内容へと置換した。

有する生徒の理解を示している。（A）では、生徒の頭の中に燃焼や化学反応という知識や水中花火という事実がインプットされている。だが、これらの知識が構造化されず、少数の知識が孤立し、散逸した形で存在している。

　一方で、（A）と対照的な理解の様相を示しているのが（D）の統合された理解である。ここでは、多くの知識が構造化され、結び付けられている。先の燃焼の例でいえば、ものが燃えるには燃えるものと酸素と発火点の3要素が必要であるという知識があれば、江戸時代の火消しの原理や水中花火の現象、バックドラフト現象に至るまで多様な現象を説明できる。また、燃焼を化学反応などの概念と結びつけて理解できる。このように知識が生活経験や他の知識と構造化・階層化されることで、生徒が探究場面で柔軟に使えるような統合された理解となる。

　深く統合された理解は教師や教科書の指示に従う授業だけでは必ずしも十分に育まれるとは限らない。欧米ではこのように教師や教科書によって事細かに指示された手順に従って生徒が実験等を行う授業を料理本法（cook-book method）と呼ぶ。このような授業では、生徒は概念や手続きの意味を十分に考えなくても、実験が成功してしまう。その結果、生徒には不活性知識にあるように現象や手続きに関する表面的な理解しか育まれない。

　一般に教科では個々の生徒の特性や興味に応じた「習得」型の学びを促す一方、「総合探究」では異なる考えをもつ生徒が協働で学ぶ「探究」型の学びをするという学習が想定されがちである。実際、経済産業省が推進する未来の教室プロジェクトでは、答えのある知識習得に関わる部分の学習はAIドリルなどを用いて個別最適化された形で学ぶことが推奨される一方で、子どもの貧困やワンオペ育児にどのように立ち向かえばいいのかなどといった答えのない問いに関しては協働的に探究することが目指されている。

　このようなプロジェクト型学習が提案される背景には、図の（A）の状態から「習得」型の学びを続ければ、生徒がそれらを自発的に結びつけ、（D）の統合された理解に至るという神話がある。だが、多くの場合、教科でわかりやすく説明し、個々の知識の「習得」を促すだけでは（A）の局面に留

まってしまう。そこで、（B）や（C）のように具体例に触れ、知識を増やしたり、概念同士を接合したりする活用場面を教科に位置づけ、長期的なスパンで「総合探究」と「探究」を架橋することが求められる。では、実際にどのように教育課程において両者を架橋する学びを実現することができるのだろうか。評価を軸に両者を架橋する学びについて考えてみたい。

観点別評価の導入とパフォーマンス評価

　高等学校では、2022年度より指導要録において観点別評価が導入された。これにより、全ての教科において「知識・技能」・「思考・判断・表現」・「主体的に学習に取り組む態度」の3観点で生徒の学習を評価することが求められている。

　観点別評価を実施する上では、評価の観点に対応した評価方法を設定することが求められる。具体的に、外国語科の「読むこと」における観点別評価の例に即して考えてみたい。「知識・技能」を問う問題に資料1-6の問題がある。この問題では、教室で行われたお気に入りのペットに関する調査の結果が円グラフで示され、それに対して適切な主張をしているものを選択肢か

資料1-6　「読むこと」における「知識・技能」を問う問題

The pie chart below shows the survey results of Ken's class on their favorite pets. Choose the best sentence that describes the chart.

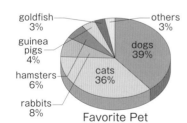

① The third most popular pet among students is hamsters.
② Cats are almost twice as popular as guinea pigs.
③ Cats are less popular than dogs by three percent.
④ No other pet is as popular as cats.

国立教育政策研究所『「指導と評価の一体化」のための学習評価に関する参考資料　高等学校　外国語』2022年、p.66。

Have you ever heard of "UD fonts?" UD stands for universal design, and UD fonts have been developed to make texts easier to read than existing fonts.

In 2019, Ikoma City in Nara Prefecture announced that they were going to use UD fonts in written materials at all elementary and junior high schools in the city in order to enhance students' motivation for learning and to improve their academic ability.

Before that, Ikoma City, along with several affiliated companies, had conducted an experiment using a survey with 116 elementary school students. The city prepared two sets of 36 sentences. One set was all written in an ordinary font used for textbooks, and the other set in a UD font. Then, the students were asked to answer if each of the 36 sentences is correct or incorrect separately in one minute, and the results were compared.

The number of students who completed the survey in one minute was close to 8 times higher when the UD font was used than when the ordinary textbook font was used. Also, the percentage of correct answers was higher for sentences in the UD font, and the difference was fifteen percentage points.

The city confirmed the effectiveness of the UD font and decided to install it on the computers of all elementary and junior high school teachers in the city. They believe the UD font can improve the student motivation to learn and academic achievement.

	UD font	Ordinary textbook font
Average number answered	29.5	24.0
Number of the students who finished answering 36 sentences	(1)	4
Percentage of corret answers	(2)	66

Q1 : Choose the best figure for (1) and (2) in the table.
　　You may use an option only once.

　　① 31　② 36　③ 51　④ 81

Q2 : What does the article mainly discuss?

　　① The superiority of UD fonts over ordinary fonts for textbooks.
　　② The difficulty of changing ordinary fonts into UD fonts at schools.
　　③ The advantages of students' learning with UD fonts at home.
　　④ The effectiveness of UD fonts when students give presentations in class.

国立教育政策研究所『「指導と評価の一体化」のための学習評価に関する参考資料　高等学校　外国語』2022年、pp.65-66。

ら選び、回答する。ここでは、単元で学習した語彙や比較表現などが身についているか問われる。このように、英文を「正確に」読み取って回答するという低次の思考を求めるものが「知識・技能」を問う問題となる（国立教育政策研究所『「指導と評価の一体化」のための学習評価に関する参考資料　高等学校　外国語』2022年、p.66）。

他方で、「思考・判断・表現」を問う問題としては資料1-7（p.77参照）のような問題がある。この問題では、ユニバーサル・デザイン・フォントと生徒の学習意欲や学力に関する英文を読む。問1では資料1-6と同じく比較級を用いた文章を読み取り、解釈した上で表に適切な数値を補う。ここでは資料1-6のように情報を読み取るだけでなく、本文から得られた情報にそれを適用する力を求めている。他方で、問2では本文の要点を掴むこと、中でも単に情報の正誤ではなく全体を通して最も主張したいことを読み取るといったやや高次の思考が求められている。

テストの問題文は授業内容と関連しているものの、生徒にとっては新規性のある文章である（単元ではユニバーサル・デザインに関する内容が扱われている）。よく設問の形式によって「知識・技能」と「思考・判断・表現」を区別することがある。もちろん、同じ教育内容でも問い方を変えることで多様な生徒の理解を問うことができる。例えば、単純な単語の穴埋めをすることと、文章全体の要約をしたり、二つの文章を比較して解釈を求めたりすることでは問われている思考の質が違うことは想像できるだろう。だが、そのような思考を問う問題を出題しても、単に授業で思考させた内容をそのまま問うのであれば、それはその内容や手続きを記憶しているかを問うこと、つまり「知識・技能」の評価にしかならない。

ここで問うている「思考・判断・表現」は、あくまで授業で身につけた内容（知識・技能）を生徒が異なる文脈で適切に使いこなすことができるのかということを問うものである。そのため、教科書や指導の内容を踏まえつつも、教科書のモノローグを対話文形式で書き換えたり、関連した話題について書かれた他の英文から引用したりするなどの工夫をして設問を構成する必

要があることも指摘されている。このように、作問をする上では、問題文や設問形式なども踏まえて、生徒に内容だけではなくどのような力を問うているのかを明確にすることが望ましいだろう。

このように筆記テストでも、中程度の「思考・判断・表現」の力を問うことができる。だが、これらの問題では生徒に言語操作を求める目的や状況、場面が与えられず、生徒が単に文章を解釈するだけのものになってしまっている。その結果、生徒が身につけた文法的事項や表現に関する理解が現実と結びつかずに不活性化してしまうことが危惧される。

これを乗り越えるために、実際に英語を使うことを求める課題を用いる方法がある。例えば、与えられた複数の文献を解釈して、国際平和を訴える文章をインターネットに掲載するという課題を考えてみよう（読むこと・書くことの領域）。このように英語を使用する目的や状況、場面が設定されることで生徒のパフォーマンスに制約が加わる。例えば、インターネットの場合、不特定多数の人が閲覧することが想定されるので、多くの人に届くようにしようと思えば、自ずと使用できる語彙や構文などに制限が生じる。また、与えられた文献を全て和訳し読解するのではなく、目的に応じて必要な情報を取捨選択し、流暢さと正確さのバランスを取り、「適切に」表現することも求められる。このような状況に応じた調整を伴う課題を通して生徒の「思考・判断・表現」の質が測られる。それに加えて、生徒は評価課題の遂行途中で表現の意味や他の表現との違いなどを学び、言語感覚を豊かにするとともに、深く統合された理解を獲得する。このように観点に適した評価課題を通して各観点の到達度が測られる。

では、「主体的に学習に取り組む態度」はどのように評価をすればよいのだろうか。「主体的に学習に取り組む態度」は①知識及び技能を習得したり、思考力、判断力、表現力等を身に付けたりすることに向けた粘り強い取組を行おうとする側面と、②その粘り強い取組を行う中で、自らの学習を調整しようとする側面の二つの側面から構成される。とりわけ、「主体的に学習に取り組む態度」の観点は、これまでの関心・意欲・態度の評価とは異なり、

挙手の回数やノートテイクの有無など性格や行動の面の傾向が表出された場面を捉える評価ではないことも指摘されている。

「主体的に学習に取り組む態度」で発揮される①の粘り強い取組は、知識・技能や思考・判断・表現と結びついて現れるため、単独でそれを捉えることは難しい。加えて、②の自己調整も大部分が生徒の頭の中で行われ、その過程が逐次、表出していくものではない。そのため、もし主体的に学習に取り組む態度を評価しようとするのであれば、複数の観点を一体のものとしてみとるか、自己調整の有無を見える化することが求められる。

これを実現する方策の一つに教科におけるパフォーマンス課題の実施がある。パフォーマンス課題とは、思考する必然性のある状況で生徒に様々な知識や技能を総合して使いこなすことを求める複雑な課題である。

例えば、資料1-8は高等学校の有機・高分子化合物の単元で設定されたパフォーマンス課題である。この課題では、アスピリンなど解熱剤を構成する高分子化合物の性質や反応を知るだけでなく、それらをもとに類推や一般化、つまり知識を活用して未知の物質を特定することが求められる。

このような課題に取り組むには、まず高分子化合物に関する知識や技能の習得が求められる。この単元で、生徒は系統性や順次性を踏まえた教授を通してタンパク質がビュレット反応するという知識や実験の手続きについての知識を得る。だが、生徒の中に知識・技能が蓄えられても、それだけでは必ずしも知識・技能の意味が把握されていなかったり、現実生活とは結びついていなかったりするため、蓄えられた知識・技能が不活性化し、資料1-8のような現実に近い問題の解決にはつながらないことがある。

資料1-8 化学のパフォーマンス課題

> あなたは製薬会社の研究員です。他社の解熱剤の有効成分と薬中に含まれる添加剤を調べ上司に報告することになりました。各自（班）で実験を計画、実施し、報告書を作成してください。

福本洋二「科学と日常生活とのかかわりを深く探究する」西岡加名恵編著『高等学校　教科と探究の新しい学習評価』2020年、学事出版、p.103。

これを打破するためには、生徒が問題解決に取り組めるように学習を足場掛けしていく。まず生徒に知識・技能の獲得の前後において問題状況を分析し、問題解決に必要な条件を明らかにすることを促す。次に、自分の理解の中に問題を位置づけさせ、解決に要する知識や技能を特定させる（授業ではその日の授業で学んだことがどう課題に使えそうか直接問いかけたり、間接的に振り返らせたりする）。その上で、見通しを持って自らの学びを組み立て、必要に応じてその方策を調整するよう促す（課題の解決に向けて知識・技能を身に付けたり、思考・判断・表現を発揮したり、自己調整したりする機会を設け、それを支援する）。

　最後に、解決に向けた生成的な行為（今回は呈色反応で物質を特定すること）を通して生徒が問題を解決する。それによって、生徒が自己調整を発揮できたのか、知識や手続きの意味をつかめたのか、ひいては統合された理解を育むことができたのかということを評価することができる。この一連の流れからは、「主体的に学習に取り組む態度」が「知識・技能」や「思考・判断・表現」と結びついて発揮されるものであるということも見えてくる。

　この他、自己調整を見える化する手段として自らの取り組みに対して振り返りを行い、その記述から評価する方法があることも指摘されている。確かに、自らの学びを省察し、次の学習につなげていくことや、それを通して教師が適切な支援をしていくことは「学習としての評価」として機能しうる。

　特に、パフォーマンス課題のように高次の思考を問う問題は一度の挑戦で解決できるものばかりではない。そこでは、繰り返し試行錯誤することが求められる。だが、思考力等を育むために粘り強く学習に取り組んだり、自らの学びを調整したりしていくことは大人であっても容易なことではない。第1章第2節で紹介したダニング＝クルーガー効果にもあるように自分の長所や短所を適切に把握すること自体に困難が伴う。そのため、第1章第4節で取り上げた一枚ポートフォリオ評価や第1章第1節や第2節の検討会やセルフ・アセスメントといった「学習としての評価」を通して、生徒が適切に自らの学びを振り返り、調整していく機会や、教師が学び方について支援をす

る機会を設けることも必要だろう。

　ここで急いで断っておくと、これらの評価は指導に生かす評価として行われる。もし、これらの評価が指導に生かす評価ではなく、記録に残す評価として成績と結び付けられてしまうと、生徒が振り返りやワークシートに疑問点などを書きづらくなったり、教員に忖度して記述したりしてしまい、評価が学習に寄与するものとならず、構成概念妥当性や結果妥当性が失われてしまうことが懸念される。あくまで、振り返りは生徒の学びを深め、自己調整が自己理解を促す手段に留め、そこでの生徒の学びが十二分に反映された成果物を通して、自己調整が発揮されたか否かを判断する方が望ましいだろう。

　ところで、このようなパフォーマンス課題に取り組むことは、教科の基礎的な知識や技能を身につけることに加えて、その奥にある学問の理解にもつながる。先の資料1-8 (p.80) に示した化学の課題を例に見てみよう。例えば、鉄やアルミなど私たちの生活に身近な物質の多くは混合物や化合物として存在する。そこから、人間はたたら製鉄や融解塩電解など、物質に固有の性質を駆使して、物質単体を取り出し、分析し、生活へと活用してきた。

　このように化学という営みには、未知の物質から特定の物質を取り出し、その性質を特定し、分類・活用するという側面がある。先の資料1-8の課題にも、その学問的側面が貫かれている。つまり、パフォーマンス課題に取り組むことは、教科で「思考力・判断力・表現力等」を育てるひとまとまりの活用的な学びを位置づけ、単元で培った知識や技能の統合された理解を育むことを手助けすることに加え、学問そのものの理解にも寄与する。それらが「探究的な学習」において、一つのものの見方や考え方、感じ方を充実させていくことにつながっている。

探究力の育成と統合された理解

　教科で主に概念などの統合された理解を獲得するとして、「総合探究」で

生徒は何を学ぶのだろうか。この点について、第1章第3節では、探究の手続きの習得を通して学問の基礎的な理解を挙げた。

第1章第5節で福嶋祐貴氏が「認知的徒弟制」という言葉で説明するように、「総合探究」のゼミ形式の探究では、初学者の生徒が共同体に参加し、足場かけを得て、ゼミの慣習的な振る舞いに関与し、徐々に熟達した探究者へと成長する。そこで生徒は教師や生徒の問いかけや手伝い、支援から目前の探究を規定する学問の認識論を体得する。

いわゆる「モンスターペアレンツ」について研究したいと考えた高校生がいたとしよう。実証的研究であれば、保護者や教師に質問紙で量的調査を行い、それが生じる条件を見いだそうと試みる。他方で、学校への要求はあくまで氷山の一角で、虐待など保護者の問題行動が発露する背景にある社会構造に注目し、それを量的・質的データや理論を参考に類推する立場もある。また、保護者の要求が敵対的に解釈されることについて、質的データを介してその解釈が生み出される背景や信念を推論することもある。ここで、保護者の理不尽な要求は自明の問題なのか、それとも、その現象を人間が問題と捉えるから問題とされるのかなど、個々人の依拠する共同体等の認識論的な立場により問題の捉え方は異なる。

この他、認識論が類似していたとしても、共有している理論的な枠組みが異なることもある。先の問題に関していえば、保護者集団も学級の成員とみなす立場からは、保護者を含めた学級づくりのあり方が研究され、個々の保護者と生徒の家族システムの問題とみなす立場からは、家族療法を念頭に置いた心理職との連携が模索される。つまり、どこに問いを見いだし、何をデータとし、そのデータをどう解釈するのかということ自体が学問や研究者共同体の中に意識的・無意識的に埋め込まれた認識論や理論的枠組みに規定されている。

生徒はグループで習慣化した探究活動に関与する中で、集団で共有されている認識論や理論的な枠組みを獲得する。それにより、個々の手続きや概念に関する統合された理解から目的に向けて必要なものを取捨選択し、駆使し

ながら、自己調整しつつ、探究を進めていくことができるようになる。

　この点について、個人で活動をしていても、ゼミ形式で行われることで教師─生徒間や生徒同士での対話が生まれ、それが認識論や理論的枠組みを獲得していくことにもつながる。実際、ゼミ形式の授業の中で自分以外の生徒に向けた発言を聞いたり、質問したりし合う関係があることで、同様の指摘を繰り返し聞き合うこととなり、自身の研究について、得られた視点から振り返る契機となる。教育現場で探究の手続きの訓練に取り組んでいる授業を目にすることがある。だが、上記のことからは、状況や知識から切り離された訓練に取り組むよりも、現実に生きた対象と生徒が対峙し、ひとまとまりの探究をする文脈の中で、徒弟的な関係の下、知識や手続き、認識や枠組みとを結びつけて学ぶことが求められる。

　ここで教科と総合の関係について、教科で深く統合された理解を保障することは、生徒が「総合探究」で自由に探究するための道具を生み出す。翻って、「総合探究」で探究の背景にある認識論や理論的枠組みを獲得し、それを対象化できれば、教科で登場する調査方法の意義や課題を峻別したり、テキストを批判的に読み下したりする一助となる。このように両者は相互に響き合いながら実践される。

　特に教科において、パフォーマンス課題に取り組む中で、個々の知識や手続きを学ぶ意味に気づき、基礎に立ち戻るなど自己調整的な学びが行われることもある。また、課題で多様な調査手法に触れる中で、そこで前提とされている認識論などに触れ、「総合探究」で発揮されることもある。

　生徒の学びを習得から活用、そして探究へという形で一方向的に捉えるのではなく、あくまで教育課程全体を見据え、教科等での活用を媒介に習得と探究を自由に越境する学びを創造することが肝要だろう。第2章では、教科での学びを活かした「総合探究」のあり方を具体的な実践に即して詳らかにしていこう。

「探究的な学習」を評価する大学入試

西岡 加名恵

大学入試における「多面的・総合的な評価」の重視

　近年の大学入試改革においては、高校までの「探究的な学習」も含めて学習成果を多面的・総合的に評価する動きが拡大している。従来、AO入試や推薦入試は私立大学で多く実施されてきたが、近年では国立大学においても「総合型選抜（旧AO入試）」や「学校推薦型選抜（旧推薦入試）」の導入が推進されている。

　たとえば、国立大学協会「国立大学の将来ビジョンに関するアクションプラン」（2015年9月）では、「確かな学力とともに多様な資質を持った高等学校・高等専門学校卒業者を受け入れる」ための方策として「大学は、多面的・総合的な評価を含み、個々の大学のカリキュラムポリシー、ディプロマポリシーに沿って学修をすすめることができる者を選抜できるように入試改革を推進する」ことが例示され、その工程表においては「推薦入試、AO入試、国際バカロレア入試等」を「入学定員の30％」まで拡大することが目標だと記された。

　国立大学協会「2020年度以降の国立大学の入学者選抜制度──国立大学協会の基本方針」（2017年11月）においても、この方針が再確認されるとともに、「今後とも『学力の3要素』を多面的・総合的に評価するため、一定の学力を担保した上で、調査書等の出願書類に加えて、小論文や面接、プレゼンテーションなど多様な評価方法を活用し、これら学力試験以外の要素を加

味した『総合型選抜』・『学校推薦型選抜』などの丁寧な入学者選抜の取組みを加速・拡大する」と述べられた。

　国の政策に注目すると、高大接続システム改革会議でも、大学入試において、図1-6のように「多面的・総合的」な評価を取り入れることが推奨された。今回の入試改革については、大学入学共通テストにおける記述式問題の出題ならびに英語民間試験活用の見送り、Japan e-Portfolioの実施団体認可取り消しなど、頓挫した部分が衆目を集めた。しかしながら、文部科学省の「大学入試のあり方に関する検討会議」の「提言」（2021年7月）においても、「多面的・総合的に評価する」ことの重要性は、引き続き強調されている。

　こういった背景から、先進的にAO入試に取り組んできた東北大学や筑波大学に加え、2016年度入試からは東京大学で推薦入試、京都大学で特色入試（AO入試）が導入されたことが注目された。2017年度入試においても大阪大学やお茶の水女子大学でAO入試の導入が相次いだ。文部科学省が

図1-6　高大接続システム改革会議「最終報告」で示された大学入学者選抜の構想

ア　大学入学希望者学力評価テスト（仮称）の結果

イ　自らの考えに基づき論を立てて記述させる評価方法

ウ　高校時代の学習・活動歴
・調査書
・活動報告書（個人の多様な活動、部活動、ボランティア活動・生徒会活動等）
・各種大会や顕彰等の記録
・資格・検定試験の記録
・推薦書等

エ　エッセイ

オ　大学入学希望理由書、学修計画書

カ　面接、ディベート、集団討論、プレゼンテーション

右の3要素を左のような方法で評価

❶ 知識・技能

❷ 思考力・判断力・表現力
※①を基盤にして答が一つに定まらない問題に自ら解を見出していく思考力・判断力・表現力等の能力

❸ 主体性を持って多様な人々と協働して学ぶ態度

2022年1月に取りまとめた「令和4年度国公立大学入学者選抜の概要」によると、総合型選抜を採用している国立大学は国立大学全体の78.0％に当たる64校、公立大学は40.4％に当たる38校に上っている。「全国の大学でのAOと推薦による入学者は00［2000］年度には33.1％だったが、21年度は50.3％で初めて半数を超えた」と言う（『日本経済新聞』2022年8月15日）。

「探究的な学習」を評価する大学入試の例

特に「総合型選抜」においては、高校時代までに取り組んだ「探究的な学習」の成果や、そこで身についた力を評価する取り組みが見られる。

たとえば、筑波大学のAC入試（アドミッションセンター入試）では、第1次選考（書類選考）において、「調査書」「志願理由書」「自己推薦書」「自己推薦書の根拠となる資料」が審査される。「自己推薦書」おいては「あなたがこれまで主体的に、そして継続的に取り組んできた活動や研究の内容をもとに、自分の『問題発見・解決能力』を提示してください。また、大学でどのように学びたいかを具体的に記述してください」と指示されている。さらに、「これまでの活動や研究の過程で生まれたレポートや作品、制作物、賞状や証明書、活動の過程を記録したノートなどのコピーや写真」を補完する資料として添付できる。第2次選考では、30分程度の個別面接が行われ、「自己推薦書」の内容を説明すること、大学で学びたいこと、これまでの学習状況などをアピールすることが求められる（筑波大学「AC入試・特別入試ガイドブック」2022年度）。さらに、AC入試の入学者が任意で作成・提出した「自己推薦書の要約と合格後の活動のレポート」も、インターネット上で公開されている。

京都大学の特色入試については、学部ごとに形態が様々である。教育学部の場合、第1次選考（書類選考）は、「調査書」「学びの報告書」「学びの設計書」により行われる。「学びの報告書」では、「中学時代から現在までに取り組んだ『学び』の活動（各教科での学習や総合的な学習の時間、読書、課

外活動、学校行事での活動、ボランティア活動等）のうち、主なものを時間の経過に沿って記述」する欄などが用意されており、さらに「その成果を示す資料」をＡ４判のファイル１冊に綴じて提出することが推奨されている。第２次選考では、課題と口頭試問が行われる。最終選考としては、大学入学共通テストの合計がおおむね80％以上の者が合格となる（「令和４年度京都大学特色入試選抜要項」および関連サイト参照）。ここで用いられている「学びの報告書」は、まさしくポートフォリオを用いた入試の例と言えよう。実際にポートフォリオづくりに取り組んだ入学者たちからは、「さまざまな活動をまとめてみることで、活動の間にあったつながりや自分の特長に気づきました」、「自分が達成できたことや自分の価値観の変化にも気づき、将来、挑戦したいことを思い描くことができました」といった声が聞かれる（拙稿「指導要録改訂の方向性と今後の評価のあり方」石井英真・西岡加名恵・田中耕治編著『小学校　新指導要録改訂のポイント』日本標準、2019年、p.37）。

　大学で取り組む学修の形態を模した形での選考方法が取り入れられている例も見られる。そのような方法を先進的に取り入れてきた京都工芸繊維大学のダビンチ入試の第１次選考では、出願書類とスクーリングによって選考が行われる。スクーリングでは、「講義・レポート作成」「課題提示・レポート作成」「英語スピーキング・ライティング」が課される。最終選考においては、課程ごとに「面接」「講義・レポート作成」「課題提示・プレゼンテーション」などが課される。「ダビンチ入試そのものが体験入学のようなプログラムになっているのが特徴」だとされている（当大学の「ダビンチ入試（総合型選抜）」に関するウェブサイト https://www.kit.ac.jp/AO/outline2021/を参照）。

　お茶の水女子大学が開始した「新フンボルト入試（総合型選抜）」でも工夫した選抜方法が採用されている。文系学科志願者については、第１次選考がプレゼミナール（大学の授業の体験）への参加とレポートやその他の提出書類の評価、第２次選考は図書館でのレポート作成とグループ討論・面接で

行われる。理系学科志願者については、第1次選考が出願書類、第2次選考は専門性に即した実験や実験演示、データ分析の課題、高校での学びを活かした課題研究発表などで行われる（「令和4年度　お茶の水女子大学入学者選抜要項」参照）。

高大接続における「探究的な学習」の意義と課題

　こういった特徴的な入学者選抜を導入する動きについて、従来から「探究的な学習」を熱心に実践してきた高校の先生方からは、「入試のための探究ではなく、探究は探究として生徒たちに楽しんでほしい」という声を聞くこともあり、筆者も同感である。しかしながら、大学入試で採用されている方法は、大学教員がどのような「探究」を学生たちとともに進めていきたいと願っているのかを示すメッセージでもある。高校生が大学を選ぶ際の手がかりの一つとして、注目する価値はあるだろう。また、今後、高校で取り組む「探究」のイメージを膨らませるうえで、先述のような選抜方法が参考になる部分もあるだろう。

　本書の第2章・第3章では、高等学校における「探究的な学習」の多様な展開を紹介している。実践をご報告くださっている先生方は、生徒たちの探究の道筋に即して到達点と課題を評価し、時には直接的に助言するという形で、また時には環境を整えるという間接的な形で、指導に取り組んでおられる。「探究的な学習」は、単に知識やスキル、思考力等を習得する機会にとどまらず、生徒たち自身が、どのように生きたいのかを考えるアイデンティティ形成の機会ともなる。

　考えてみると、人生は「探究」の連続である。自身が直面している状況において何が問題なのかを考え、可能な範囲で解決策を構想し、検証していくという「探究」の進め方を学んでおくことは、生徒たちにとって生き方を学ぶ一つの重要な場面となることだろう。実際のところ、従来の教科では受け身の学習しか提供できていなかった先生方が、生徒たちに「探究的な学習」

の機会を与えたところ、学習への意欲が飛躍的に高まったという声を聞くことも少なくない。

　また、学校から大学・社会へのトランジション（移行）を研究している溝上慎一氏は、人の学びと成長を促進するうえで、「二つのライフ」が重要であることを指摘している。「二つのライフ」とは、「将来の見通し」（将来こういうふうでありたいという願い）を持っていること、ならびに「現在の生活」における理解・実行（見通しの実現に向かって、今、自分が何をすべきかがわかり、実行していること）だと言う。さらに、この「二つのライフ」を、中学校2年生から高校2年生ぐらいまでの間に獲得しておかないと、大学生になっても見通しが持てないままになりがちだということが調査によって明らかにされている（溝上慎一責任編集『高大接続の本質──学校と社会をつなぐ調査）から見えてきた課題』学事出版、2021年参照）。大学での学修を充実させるうえでも、中学・高校において「探究的な学習」を経験しておくことには大きな意義がある。

　一方で、大学での学修には、「知識・技能」や「思考力・判断力・表現力」が必要であることも事実である。特に各教科での「思考力・判断力・表現力」を育成する上では、学校の授業で取り組むパフォーマンス課題を、さらに充実させていくことも重要だと考えられる（本章第7節参照）。国際バカロレアや、イギリスのGCSE・GCE-Aレベル試験といった、海外の中等教育修了資格試験においては、教師たちが授業で提供するパフォーマンス課題による評価を資格試験団体が認定することで、大学入学者選抜の資料としても用いられている。日本においても、中等教育修了資格試験を開発する、あるいは第三者機関の参与により内申書の比較可能性を高めるといった形での高大接続改革が、今後、求められていると言えるだろう（詳細は、拙稿「高大接続改革の到達点と今後の課題」西岡加名恵・石井英真編著『学力テスト改革を読み解く！　「確かな学力」を保障するパフォーマンス評価』明治図書、2021年参照）。

「探究的な学習」の多彩な展開と評価

<table>
<tr><td>第2章
実践編 I</td><td># プロローグ</td></tr>
</table>

西岡 加名恵

　高校では、様々なタイプの「探究的な学習」が実践されている。本章では、高校の先生方が実際にどのような目標を立てて「探究的な学習」に取り組んでおられるのか、その中で、どのように評価を行い、指導と学習の改善に役立てておられるのかについてご報告いただく。

　第1節では、「グローバルリーダー」の育成を目指している広島県立広島高校において取り組まれている卒業研究についてご報告いただいている。卒業研究は長期にわたるため、何度か中間評価を繰り返しながら練り上げられていく。そこでは、大学入学後にも活用できるような論理的・批判的思考力の育成が目指されている。

　第2節では、福井県立若狭高校において、どのように「総合的な探究の時間」での学びと教科の学びとが響き合っているかを報告いただいている。どちらの学びにおいても、「わがこと」としての問いに基づく研究が目指されている。「総合的な探究の時間」における課題設定をどのように指導するかについて先生方が模索されてきた足跡も興味深い。

　第3節では、高松市立高松第一高校において、理科の課題研究と教科学習の相互環流がどのように図られているかを紹介いただいている。アクティブ・ラーニングの視点から授業改善に取り組んできた当校では、理科において実験レポートをパフォーマンス課題として課している。教科学習で身につけた力が課題研究に活かされるだけでなく、課題研究を経験することで、理科の授業で実験に取り組む生徒たちの姿にも変化が生まれている。

　第4節は、東京都立王子総合高校におけるデジタル・ポートフォリオの活用である。当校では、3年間にわたって様々な資料をデジタル・ポートフォリオに蓄積し、それを振り返りつつ話し合ったり、生徒相互に「ファンレター」を送り合ったり、1年間の学びを振り返るシートを作成したりしてい

る。これにより、生徒たちが主体的にキャリアを構成していく力を身につけることが目指されている。

第5節は、兵庫県立尼崎小田高校の「看護医療・健康類型」における「防災・減災　災害に強い地域コミュニティづくり」の実践である。生徒たちは、福祉避難所の指定施設や障がい者団体などを調査して災害時要配慮者が置かれる状況を把握するとともに、行政の担当者と意見交換を行い、さらには市民に直接訴えるために朗読劇に取り組んでいる。

第6節は、尼崎小田高校を中心とする瀬戸内の7校による「高校生サミット」の実践報告である。各校の代表生徒による生徒実行委員会が組織され、生徒たちの発案や運営によって共同研究やワークショップが行われている。府県を超えた複数の高校の生徒たちが連携することで、生徒たちは大きく成長し、各校の探究活動の深まりや卒業後のネットワークの広がりにもつながっていると言う。

第7節は、山陽学園中学校・高等学校の地歴部が取り組む「瀬戸内海ブルーオーシャンプロジェクト」である。海洋ごみの回収活動に参加した生徒たちは、地域に情報を発信する啓発活動を行った。しかし、内陸地域の展示会では参加者から海洋ごみと内陸部との関係のなさを指摘されるなど、様々な壁に直面した。それらの壁が、生徒たちの「探究」を深める契機となっている。

第8節は、京都府立園部高校から、京都府教育委員会主催のプレゼンテーションコンテストに出場した生徒たちの学びの姿である。「豊かさとは何か」を探究するプロセスにおいて、「持続可能な暮らし方」に関心を持った生徒たちは、地域にある資源を生かしてエネルギーを生み出す暮らし方を発信しているNPOが地元にあることを「発見」する。さらに、そこで実習しているフィンランド女性との出会いで、グローバルな視点をも獲得していった。

このように、本章で紹介する「探究的な学習」は、非常に多彩なものとなっている。それぞれの先生方は、学校や地域の特徴を活かしつつカリキュ

ラムをつくり、「このような生徒たちを育てたい」という願いを持って、指導に当たられている。「探究的な学習」がどのように進むのかは実際に取り組んでみないとわからないが、その時々に先生方は、様々な資料や観察をもとに生徒たちの学習の様子を把握し、課題設定について一定の方向づけを行ったり、必要な助言を行ったり、誰かとの出会いの機会を提供したり、リアルな場に連れていったりして、「探究」を深めるための指導を行っている。生徒たちは、時には壁に直面し、挫折感を味わいつつも、大きく成長していっている。

　新しく「探究的な学習」の実践に取り組み始めた先生方からは、生徒たちに自由な課題設定をさせて自律的に探究をさせていても、なかなか深まらないという悩みの声も聞く。本章の内容は、これから実践づくりを始める先生方にとって、確かな指針を提供するだけでなく、実践づくりの勇気を与えるものともなるだろう。

高校生ならではの
アカデミックな探究
——SGHの取り組み

小笠原 成章

　広島県立広島中学校・広島高等学校は2015〜2019年度に文部科学省から
スーパーグローバルハイスクール（SGH）の指定を受け、「持続可能な社会
の構築に貢献できるグローバルリーダーの育成」を研究開発テーマとした
（現在はSGHネットワークに参加）。その際にカリキュラム・マネジメント
を行い、現在も学校の軸としているのが、「総合的な探究の時間」で1単位
ずつ3年間行う課題研究である。最後の1年間は卒業研究にあて、自由テー
マで個人研究に取り組む。本稿はこの卒業研究について述べる。

　卒業研究は開校以来行ってきたが、大学入学後にも活用できる高い学力を
つけることが目的だった。SGHで、グローバルなこの社会に生きる主体を
育てる学びとして卒業研究を再定義した。包括的かつ高度な目標なわけで、
学校全体としての、社会に開かれた、主体的で探究的な学びが前提となる。

　生徒に、先行き不透明な未来を生きる力をつけるには、自分から課題を発
見し、論理的かつ人間的に（つまり他者と関わり、合意形成して）解決する
学びを経験させたい。こういう学びは学校生活のあらゆる場面で可能だし、
授業以上にアクティブな場面も多いはずだが、卒業研究では課題発見・解決
それ自体を主題化し、方法も明らかにしようとする。育てたい資質・能力に
は、批判的思考力と創造力を掲げた。論理的に考え問い直す姿勢や、他者や
先人との批判的な協働、創造、自説を公に示し評価を問う態度などは、論文
自体にとどまらず生徒の人生に資するだろう。アカデミックな場の魅力と、
そんな場を意識的に作る努力も経験してほしい。こうした設定で行う探究活

動を本校では「研究」と定義している。自由テーマの個人研究を1年間行うのは、「自分が何をしたいか」を問うことである。キャリア教育の一環であり、多くの要素が収れんする、まさに総合的な学びなのだ。

　生徒と面談して手ごたえを感じるのは、思考の鋭さや深さを感じた時だけでなく、学問分野に対する情熱や、社会問題などに対し「何とかしたい」と社会的責任を担おうとする姿勢を見た時である。研究を通して生き方が見えた時なのだ。じっと座って内省するだけでなく、対象を決めて広く見渡し深く考えようとするうちに自己が世界に対し開かれ、変容するのである。

指導と評価のプロセス

　卒業研究は長期なので、幾度か中間評価をしながら練り上げていく。改善には評価が必要である。初期段階ではテーマと研究計画について生徒間、教員、大学院生（広島大学の教育系の大学院生に支援してもらう）と相手を替えながら協議する。この段階で叩き台になるレジュメには、社会的意義や先行研究、当研究の新規性なども明記させ、議論の軸とする。

　生徒間で疑問を投げかけ合い、改善提案ができる能力や態度を育成することがいろいろな意味で求められる。自作の論理的誤りを自分で指摘することはできないから、必ず他者の目が必要で、最もタイムリーに相談できるのは隣の生徒に違いない。何より、生徒に力をつけたいのだから、教員と生徒の1対1の指導に限るのはもったいない（もちろん教員の指導も絶対に必要である）。もっとも、ただ「批判せよ」と言っても方法が分からない。その意味で大学院生の卒業研究指導は質問術研修の場としても貴重である。1対5で少人数指導を受けるが、50分のうち他の生徒が大学院生と対話している40分を、問い方を習う場として位置づける。

　中期のグループ内発表や2度目の大学院生指導を経て、2年次の終わりには、一度成績を出し今後を検討する面談を行う。

　3年次は、卒業研究中間発表会を開き、高校全学年を相手に分散会場で発

表と質疑応答を行う。下級生も含むこの空間を、発表の場である以上に議論の場として充実させようとしている。発表はカーテンコールではなく本番である。結果の発表でないのは、批判を採り入れて改善するためである。

　最終的な完成論文と共に、この1年間の感想文と研究マニュアルを提出させる。論文とマニュアルは後輩に見せるのが前提である。論文が「書き上げて終わり」ではなく、公開され次に送られることはアカデミックな研究に欠かせない要件だが、人の役に立つことはやりがいにもつながる。失敗も苦悩も研究マニュアルでは「おいしいネタ」に変わる。卒業研究中間発表会では、後輩へのレクチャーを重視した発表のコーナーをつくっているが、そこでなら発表したいという生徒も何割かいる。マニュアルを導入したのは卒業研究を画一的な作業にするためではない。先輩のマニュアルを参考に、自分も書く前提で研究することは、学びのメタ認知に役立つ。得たノウハウや体験を、人に伝えられる形で整理できることが卒業研究のゴールである。

　成果物の評価について述べる。自由テーマの難点の一つは、統一した評価が難しいことである。すべての研究に共通する重要なポイントで評価する。多項目の予備的な評価表を作り、いくつかを組み合わせて観点別にまとめているが、論文については、社会的な観点、先行研究批判の有無、論理性、創造性（二つ以上のものをまとめた案出）、自他の文章の区別などがポイントである。感想文については、自己の変容が見とれるか、マニュアルは次年度の生徒に渡してよい方法や態度が表現できているかで評価する。論文の総合評価は「どれくらいの生徒に読ませたいか」だが、私が担当した学年は「学年全員に読ませたい」が13％、「同じ分野の生徒に読ませたい」が45％だった。もっとも、生徒に渡す評価文ではこれとは異なる表現をとっている。

　すべての研究論文は図書室の開架書架に置かれ、デジタルでも保存される。全員がタブレット端末を持つようになって、読ませたい論文やマニュアルは常時閲覧できる。

卒業研究のバリエーション

　本校では社会的課題を扱う研究より学問的な研究の方が多い。学問ごとに社会との結びつきを確認するが、まずその分野の本質を問う。「法とは何か」「教育は何を目指すのか」などだ。ここは深く納得してほしいから、「それはどういうこと」「なぜそうなる」とさらに問うファシリテートをする。支援者に必要なのは相手に興味を持って問うことであり、答えを教え込む知識ではない。一般の学術論文では、学問分野の本質的な目的にページを割かない場合があるが、高校生にはその分野のあり方を自分なりに納得することが初期の山場であり、人生展望ともからむ。学問理解の上で個別のテーマに関する先行研究を調べ、自分なりに一歩進めることで研究は成立する。

　ここで、2021年度の卒業研究中間発表会の全体会で発表した生徒3人の研究を紹介しよう。仮に発表A・B・Cとしておく。高校全体に研究の多様性と面白さを示すため、担当教員団が発表希望の中から選んだ代表例である。

　発表Aは、大学の高校生向け教育プログラム（GSC広島）に基づくものである。仮説を立てマウスの解剖実験をし、アルツハイマー型認知症の機序に迫るという、正統的な科学研究で、理科の授業の延長線上にある。

　発表Bは、黒板を消す際に飛散するチョークの粉の抑制を試みた。身の回りの必要から出発し、黒板消しの試作品を作っては改良を繰り返す、ものづくり系の研究である。

　発表Cは、多文化共生社会の構築を目指して地元行政の資料を分析し、課題を洗い出して、解決策を提案した。これは社会全体や組織ぐるみで取り組むような複合的課題とその解決を扱うものである。

　それぞれ魅力的な発表だが、テーマや手法には分野ごとの特徴が表れている。現実社会では多様な課題が多様な手法で扱われている。卒業研究も人それぞれに行われ、それを皆が共有できることで学びとして豊かになる。

　発表Aは文句なく高度なだけに、大学のような設備やノウハウがないと

成り立たないものである。こういう校外の高度な学びを高校の研究として捉え直すことを積極的に推奨している。元のプログラムにも振り返りのコーナーはあるだろうが、自身のあり方や研究の背景などにもゆっくり視野を広げながら、時間をかけて考察し直すことで経験を自分のものにできるのだ。校外で学ぶ負担を軽減し、全体に還元する意図もある。特別な学びだけでなく、日常的な校内の授業や部活動も、学びを振り返り、学問や問題解決の文脈の中に捉えなおすメタな研究の対象となり得る（後述）。

　発表Aの科学実験には正統的な手続きがあり、専門的な知識・技能の習得も必要なのに対し、発表Bのような研究には自分で組み立てる面白さがある。その半面、既存の能力の使いこなしで対処でき、背伸びする要素が少ない。知識理解の部分が少なく活用だけでは、学びとしてものたりなくなりかねないが、切り口しだいではある。発表Bの場合、先行研究を調べて、中学校などの探究で黒板消しの材質や消す角度を試したものを見つけたようだ。本校の生徒はそれを踏まえ、黒板消しの形状によって気流がどう動くか流体力学的な考察を試みた。ボールの軌道を物理学で解析する研究も毎年ある。

　発表Cのような社会的課題の解決を目指す研究で現実的な処方箋を示すことは困難だし、実証実験は不可能に近い。もっとも、大学入試の小論文ではむしろ頻出のテーマである。授業でパフォーマンス課題にすることも日常的なのだが、時間と資料が限られていると、その範囲内での結論を出せるのだ。卒業研究では、逆に手強くなるテーマと言える。生徒は社会の中で暮らしながらも地元の現状や、地域を誰がどう動かしているかを把握できてないことが多い。しかし、いざ研究してみると公開データは実は多く、取組を伝えてくれる担当者もいる。分析段階では発見が多いのだ。知る喜びが大きいのが地域系のテーマである。解決策の立案には援用できる先行事例を探すのが定番だが、ここでも学問テーマと同じく、まず本質から考えさせたい。つまり、私たちがどんな社会を作りたいか、どう生きたいかを問う。「いきなり地域活性化から始めるな」と毎年のように指導している。

文系の（人間を扱う）研究の面白さ

　2021年夏、広島国泰寺高校を拠点とするWWL（ワールド・ワイド・ラーニング・コンソーシアム構築支援事業）の高校生国際会議が行われ、連携校である本校の生徒も平和をテーマに研究発表を行った。活動初期のころ「平和とはなにか」について議論になり、結局、生徒たちは統一した定義をつくらないという整理をした。平和のような概念は、人や文化によってとらえ方が違い、それでも皆に届く声で語らないと事は動かない。違いに気づくことから始め、どこまでなら合意できるかを探る営為はまさに人間的である。文系の研究の難しさ／面白さの一つがここにある。発表者に選ばれた生徒は平和の定義を、世界人権宣言を踏まえてまとめていた。

　授業時間中の活動には制約が多い。放課後や休日に学校を飛び出した例としては、複数の地元神社に伝わる縁起をまとめ、伝説の原型を復元しようとしたものや、全国大会で知り合った南北の文芸部に依頼して、季語の語感が地域によってどう変化するか調査したものなどが印象に残る。地元の生物や地質の研究、算額の研究をした生徒もいる。フィールドワークは、見当はつけておくとしても、行ってみて驚くのが基本である。研究というもの自体「最初の見込みといかに違ってくるか」が勝負であるが、フィールドワークには、教科書などで既にまとまった知識を得るのとは違う面白さがある。

　また、取材対象は未知の外部にだけあるのではない。家族を含め、つながりのある人に取材するのも1回限りの卒業研究では有効である。教育系の研究では学びの履歴をポートフォリオ的にまとめ目的・方法・効果を分析する場合があるが、目の前の教員からその授業の目的を取材するなどの、メタな学びが展開される。指導と評価を研究対象にするわけだ。

　文系の探究は人として人のすることに向き合おうとし、分かっているはずのことの本質を問い直すことになる。世界や自分が思い込みとは違う新鮮な相貌を見せる面白さが、魅力の一つである。

「わがこと」として
探究に取り組む

第2章
実践編I

2

渡邉 久暢

　第1章第7節にて大貫守氏が指摘したように、教科の学びと「総合的な探究の時間（以下、総合探究）」の学びは相互に響き合わせながら実践したい。そのためには、教科の学習において、「各教科の本質に関わり、それゆえ領域を超えて実社会においても発揮される学力」を育む単元の組織が必要だ。

　筆者が担当する国語科は「総合探究」との親和性が極めて高い教科であるが、ややもすれば「知識・技能（たとえば主張と論拠の関係）」や「思考力・判断力・表現力（たとえば論理的に考える力）」を個別に取り出し、形式的に練習するような学習が組織されるおそれがある。

　しかし、それでは「主体的に学習に取り組む態度」につながる「メタ認知」や「批判的精神」等の高次の能力の育成はもちろん、「総合探究」の学習においても生きて働く「言葉の学び」となることは期待できない。生徒自身が「わがこと」として考えたくなるような本物の課題＝真正の課題の下、本物の学習活動を組織することが、生きて働く言葉の力を育むためには必要なのだ。

　それでは「総合探究」のカリキュラムはどのようにデザインすると良いのか。「総合探究」では、生徒自身が自己の在り方生き方と一体的で不可分な課題を自ら発見し、解決していくことが期待されている。ここでも重要なのは、それぞれの生徒が「わがこと」として切実に考えたくなる課題に基づき研究を行うことだ。

　それならば、生徒一人ひとりが「わがこと」として考えたくなる研究課題

を自ら発見するための手立てはどうあるべきか。ここでは福井県立若狭高等学校（以下、若狭高校）の事例を通して考えてみたい。

若狭高校のカリキュラムデザイン

　若狭高校は、2011年にスーパーサイエンスハイスクール（SSH）の指定を受けたことを契機に探究学習のカリキュラムデザインについて、研究を深めてきた（詳しくは、http://www.wakasa-h.ed.jp/ssh/を参照）。若狭高校は普通科・理数探究科・国際探究科・海洋科学科の四つの学科を開設しており、全学科、全学年で学校設定教科「探究」を必履修化している。教科「探究」の主な目標は、課題設定能力の育成だ。2014年に「事象の背景や現状を分析し、科学的根拠をもって仮説を立て、自らが発展的、独自性のある課題を設定する能力」と課題設定能力を定義し、その育成に取り組んでいる。

　2019年に、海洋科学科生徒が12年もの継続研究を経て開発した「宇宙食サバ缶」が世界で初めて高校生開発の宇宙食として認定を受けたり、2020年に、普通科生徒がコロナ禍で苦しむ地元飲食店を支援するためのプロジェクトの研究で内閣総理大臣賞を得たりするなど、生徒は数々の研究成果を挙げている。

　ただし、ここで注意したいのは、若狭高校が「生徒がどのような研究成果を挙げたか」という観点でカリキュラムを評価するのではないことだ。「生徒が課題研究のプロセスにおいて、課題設定能力をどのレベルまで獲得したか」という観点でカリキュラムを評価し、その改善に取り組んでいる。

　若狭高校において課題設定能力を評価するための観点は次の通りである。

① 学びに対する自主的・主体的な態度
② 科学的な問題への定式化とその解決
③ 持続可能な開発発展という視点から見た問題認識の深さ
④ 社会的責任と研究者倫理

　この四つの観点に基づく評価基準表も併せて策定し、指導の改善に活かし

ている。評価基準表は自己評価の指標として生徒に提示するとともに、研究の節目で行うカンファレンスの指標としても用いる。

主体的に課題研究を設定する手立て

　課題設定能力を育むという目標の実現に向けて、若狭高校が特に重要視しているのは、生徒が主体的に研究課題を設定することだ。とはいえ、全く自由に課題を設定させているわけではない。2022年現在では、身の回りの事象や地域資源を活用して課題を設定する、という制限をかけている。

　課題設定時に一定の制限をかけることの価値を教員間で共有するに至るには、かなりの紆余曲折があった。SSH指定以前に実施していた課題研究では、生徒が研究課題を決める際に、①担当教員は自身の専門性に基づく複数の研究領域を生徒に提示し、②生徒はその中から自分の学びたいことに近い領域を選び、③研究課題を決める——という方式、いわば大学におけるゼミナールのようなスタイルを取っていた。

　しかし、2011年のSSH指定後、カリキュラム研究を進めていく中で、まず、課題研究を通して本校の生徒に育むべき最も大事な資質・能力は課題設定能力であることが教員間で共通理解された。そこで2012年からは、何の制限も設けず、生徒がそれぞれ好きな課題を設定し、それに基づき探究を行った。

　すると今度は、生徒が設定した研究課題に対して教員が指導しきれなくなったり、生徒も何に取り組めばいいのか分からなくなったりしてしまい、かえって課題設定能力の伸張が見られなくなった。

　そこで2014年からは身近な事象に基づく課題の設定を生徒に課した。身近な事象に対する関心を高めるために、研究の初期段階である第1学年時に「地域の方から学ぼう」を複数回実施する。また、夏季休業中の課題として地域でのフィールドワークを必須とした「プチ研究」を課す。これらの取り組み後には、生徒同士が学んだことを交流する。これらの活動を通して少しずつ「わがこと」としての研究課題をそれぞれの生徒が発見していくことを

期待しての取組である。

　身近な事象に課題を限定することは、地域課題を発見・解決するタイプの
いわゆる「プロジェクト型」の研究にはマッチするものの、「科学的な研究」
として発展させにくいのではないか、という不安もあり、校内でも大きな議
論となった。

　しかし、カリキュラムの指導を受けている研究者の方々から、
・身近な自然環境や地域資源を活かしたテーマこそが、生徒の科学的興味や
　関心を引き立てるのであり、それこそが地方公立高校の強みであること
・研究開発を通して地域社会に貢献することが、研究の大きな意義であること
等の指導を受け、身近な事象に基づく研究課題とすることが課題設定能力の
伸張に効果的だとの共通理解が教員間で育まれた。

　2015年度の若狭高校SSH研究開発報告書には、「身近な事象に基づく課
題を自ら設定し、それについて探究することは生徒にとっての探究意欲をか
き立てるものであり、さらに、その課題解決の成果を地域社会に還元するこ
とに生徒は大きな充実感を得ている」と記されている。

　もちろん、「わがこと」としての研究課題は簡単に生み出せるものではな
い。最初は漠然とした大きな課題でも良い。①様々な発展の方向性を把握
し、進むべき方向を定めた上で、②課題に基づく探究を実行し、③それを振
り返った上で、また①に戻る、という「課題を生み出すサイクル」を何度も
繰り返すことで課題が洗練され、良い研究へと結実していく。

　若狭高校は、課題設定能力の育成という目標を実現するための重要な手立
てである「課題を生み出すサイクル」の重要性を生徒とも共有しつつ、学習
活動を組織した。

「わがこと」として研究を行う効果

　それでは実際の研究を見てみよう。「自分たちの住む地域で人の定住が始
まった時期を特定したい」という、「わがこと」としての強い思いから研究

を出発した生徒たちの事例である。この生徒たちは研究課題を「鳥浜において縄文人が出現したのはいつか」と設定し、縄文草創期の人間活動の検証を行った。検証を行うために用いたのが、「世界標準のものさし」と呼ばれる地元若狭町の三方五湖(みかたごこ)で採取された「年縞(ねんこう)」である。地域資源に基づく研究課題を設定し、地域資源を用いて課題を解決するという、若狭高校が設定したカリキュラムデザインにおける典型的な課題研究である。

　微粒炭や花粉の分析という地道で手間のかかる研究であったが「わがこと」としての問いから研究が始まることにより、生徒は科学的興味や関心を高めただけでなく、課題設定能力の重要な要素である主体性、粘り強く取り組む態度を成長させた上に、研究課題の解決に必要な科学的視点、科学的研究手法も併せて身に付けた。日本地球惑星科学連合高校生セッションにて、優秀賞(全国第2位)を獲得するなど、学術的な研究として、専門家の高い評価も得た。

　もちろん、「わがこと」としての問いに基づく研究は、各研究領域における学問的発展だけでなく社会的貢献にもつながる。「農作物の鳥獣被害に苦しむ地元農家を支援したい」という強い思いから、地域の山に住む獣や鳥に対するカカシの効果の検証を研究課題とした生徒たちがいる。彼らは、地域課題の解決にもつながる重要な研究課題であることから、地元若狭町の農家や町役場の担当者から多くの研究支援を得ることができた。また、中間発表会や成果発表会を校内外で開催することを通して、生徒は地域社会からの期待を直接感じ、主体性を高めることはもちろんAgency(社会貢献意識)も獲得した。

教科における「わがこと」課題

　「総合探究」と同様、教科においても、「わがこと」として生徒が真剣に取り組むことを期待できる、本物の課題に基づく本格的な探究単元を、年に一度程度は組織することが望ましい。

若狭高校国語科では毎年第2学年対象に「論文を作成しよう」という単元名の下、夏目漱石『こころ』一冊を対象にした研究論文を作成する単元を実践している[1]。

　自分自身が問いたい「わがこと」としての課題を設定し、クラス内外の他者の読みや、先行研究を参考しながら論文を作成する活動により「問いを生み出す力」を育む。

　生徒は、「なぜKは自殺したのか」などの課題について、他者との読みの交流を行ったり、先行研究を読み深めたりする中で、自分とは異なる解釈が存在することを知る。それにより、他者とは異なる読みを行う自分自身の知識や経験、ものの見方をメタ認知する営み、いわば「自己を問う読み」へと生徒を導いていくことが可能になる。論文の作成という言語活動を通して、生徒は最も重要な学力の要素である「主体的に学習に向かう態度」を発揮し、今後とも自己の在り方を問い続けていく。

　まさに、「総合探究」の「自己の在り方生き方を考えながら、よりよく課題を発見し解決していくための資質の育成」という目標と響き合う国語科単元である。

　教科学習においては、現実社会の文脈を重視する単元を組織することもある。ただし、学問的文脈に基づく各教科の学びを、「総合単元」を充実させるための手段に貶めてはならない。それぞれの教科において本物の単元として真正性を担保すること、特に生徒自身が「わがこと」として取り組める本物の課題に基づく単元を組織することが「総合探究」の充実には不可欠だ。

　「探究的な学習」をどう評価するかを考える前に重要なのは、具体的な生徒の姿で目標を措定した上で、豊かな学習活動を組織することだ。豊かな学習課題に基づく豊かな活動なくして、豊かな評価はあり得ない。目標と指導と評価の一体化を実現したい。

〈注〉───────────────────────────────

(1) 本単元の詳細は、大滝一登編著『高校国語　新学習指導要領をふまえた授業づくり　実践編』（明治書院、2019年）に掲載されている。

3

理系の課題研究と教科学習との相互環流
——アクティブラーニング（AL）と「未来」

佐藤 哲也

　高松第一高等学校は香川県唯一の市立高校で、2010年度に文部科学省よりスーパーサイエンスハイスクール（SSH）の研究指定を受け、第Ⅲ期の取組を進めているところである。第Ⅰ期当初から本校のSSHの取組は、「アクティブラーニングを取り入れた授業改善」と「生徒の主体性・自主性を引き出す課題研究への取組」を軸として展開してきた。理科系の進路を選択した生徒は、特別理科コースと理系コースに所属する。カリキュラムは、理科・数学の授業は同じだが、課題研究への取組が異なる。「総合的な探究の時間」の代替として開設しているSSH学校設定教科「未来」の中で、特別理科コースの生徒は2年次の「Advanced Science I（2単位：以下AS I）」、3年次の「Advanced Science Ⅱ（1単位：以下AS Ⅱ）」において、自ら研究テーマを設定し深く専門的な研究を行う「専門深化型課題研究」に取り組んでいる。

　また理系コースは2年次の「未来への学び（2単位）」において、3〜4週ごとに数学・物理・化学・生物・地学・文系教科で設定された複数の課題から、自ら取り組むテーマを選択し、計画を立て実験を行う「教科横断型課題研究」に取り組んでいる。2年次の講座は実施曜日の最後の2時間に連続するように、3年次のAS Ⅱは学年前期に2時間連続でまとめ取りするように時間割を組み、それぞれの課題解決に向け十分に時間をかけられるように工夫している。

授業改善に係る校内システムの構築と教材開発の流れ

　本校ではすべての教科で、課題解決に向けて、生徒が自ら考え、相互に意見を交換し、考えをまとめて発表するという能動的な学習活動を取り入れ、授業が生徒同士の学び合う場となるよう各教科でチームをつくって研究を続けている。国語3、数学3、理科4、地歴公民2、英語3、保健体育2、音楽1、美術1、家庭1の計20チームが年度の研究対象（学年・科目・単元）を決めて授業改善に当たっている。チームでの取組のねらいは、個のスキルを高めるだけでなく、教科内の意識を高め、若手教員の柔軟性とベテラン教員の知識と経験の融合や相乗効果である。教材開発の流れは次の通りである。

① 各教科で育てたい生徒像・身につけさせたい力を明確にする。
② 高校3年間の到達目標を見据え、長期的ルーブリックを作成する。
③ 年間目標とその指導計画を立てる。
④ 生徒の変容を捉えるためのパフォーマンス課題の設定とルーブリックを作成する。
⑤ 授業実践後、アクティブラーニング教材開発レポートをまとめ、今後の課題を洗い出す。

理科の指導とその評価

　本校では理科の授業を通して、次の四つを「① 育てたい生徒像・身につけさせたい力」として設定している。

・誤概念や素朴概念を払拭し、正しい概念を身につけた生徒
・自分の考えを論理的に表現する力
・他者の意見に対して能動的に思考する力
・変数を意識した実験デザイン力

　これらを踏まえて、授業を設計することとなる。最も重視しているのは、

実験・観察を通して考えることである。

　理科の学習においては、日常経験に基づく素朴概念や誤概念が、正しい概念の獲得の障害となっていることが多く、従来型の教授型授業では限界がある。生徒が新しい概念を獲得したり、既有の概念を再構築したりする過程の中で、科学的な根拠をもとに思考し、自らの言葉でアウトプットすることが、素朴概念や誤概念の矛盾に気づき、正しい概念を構築する方法として有効であると考え、次の三つのタイプのアクティブラーニング（AL）型授業を行っている。

① 典型的な誤概念のリサーチに基づいて設定した課題を与え、話し合い活動等を通じて既習内容を整理させながら、正しい概念形成を目指すAL
② 新しく登場した現象を説明するために、授業者の適切なガイドの下、既習内容を整理させながら新たな知識の獲得を目指すAL
③ 調べたいものを調べるための実験を自ら計画し、実験する。実験スキルや結論から得られる新たな知識だけでなく、変数を意識した実験デザイン力の習得を目指すAL

　いずれのAL型授業も共通しているのは、問題発見・解決能力を高めるために思考過程の時間を重視した授業の実践を行っていることである。実験・観察の前に予想や仮説を立てる時間と、実験結果や現象を確認した後の考察の時間は、個人で考える時間と、実験グループや教室全体でディスカッションをする時間に区切って設定している。それぞれの生徒が意見を自分自身の言葉で説明したり、他者の意見に対して能動的に思考しながら聴いたりする活動を通して、学習内容に対する理解が進み、既有の概念から新しい概念への概念形成がスムーズに進むような授業展開を目指している。

　また、実験後は実験レポートをパフォーマンス課題として提出させている。教科書に掲載されている代表的な実験・観察は、目的、方法から考察の方向性まで、丁寧に記載されている。また、教師が作成した実験プリントも結果と考察をまとめるだけのものが多くみられる。記載されている通りに実

験をすれば、大方望むような結果が得られる理科の授業内での実験を通して、科学的な探究の方法を身につけさせるためには、実験を振り返りながら、実験の目的や原理をしっかりと理解できていたのか、実験目的が達成できたのか、実験方法に改善の余地はないのか、結果から明らかになったことは何か、誤差についてどのように検討するかなど、生徒一人ひとりが深く考え、自分の言葉で表現する必要があると考えている。本校では実験プリントだけでなく、多くの生徒が大学進学後に経験するようなレポートの作成も取り入れている。シラバスにはレポートの評価に関する項目も記載しており、ルーブリック（表2-1）を用いて評価を行い、生徒にフィードバックしている。はじめはうまく書けなかった生徒も経験を重ねるごとに、内容も充実しレポートを書くことが思考の整理につながっているようである。また卒業生からは、大学に入ってからのレポート作成に役立っているとの報告も受けている。

表2-1　パフォーマンス課題「実験レポート」のルーブリック

観点＼レベル	1	2	3	4
目的・原理について	実験の目的の**理解が不十分で**、原理が書かれていない。	実験の目的は**理解し**ているが、原理に書かれている内容が不十分である。もしくは間違っている。	実験の目的を**理解し**、原理が正しく記載されている。	実験の目的を**理解し**、原理が正しく記載されている。さらに、**既習内容との関連**も示されている。
実験方法について	実験方法に手順は書かれているが、実験が再現できない。**セッティングの図はない**。	実験方法に手順は書かれているが、**セッティングの図はない**。	実験方法に手順が書かれており、**セッティングの図がある**。	実験方法に手順が書かれており、**セッティングの図がある**。さらに、**実験上の留意点**も示されている。
実験結果について	結果が、表やグラフに**示されていない**ものがある。(不足)	結果が、表やグラフに**示されている**。	結果が、表やグラフに**正確に示されている**。	結果が、表やグラフに**正確に示されており**、考察につながる読み取りができている。
考察について	**考察が書かれておらず、感想・反省にとどまっている**。	考察は書かれているが、**授業でのまとめのみである**。	考察が書かれており、**思考の流れが読み取れる**が、誤差の検討や実験の改善点などが不十分である。	考察が書かれており、**思考の流れが読み取れ、誤差の検討や実験の改善点**などが示されている。

高松第一高等学校物理担当教員作成。

課題研究の指導とその評価

　課題研究においては、「ASⅠ」「未来への学び」の活動が始まる前に「考える科学」という講座を実施している。ここでは、Keith Johnson著『*Physics for You*』（Nelson Thornes）の中から「変数」に関する内容について事前学習をする。変数の種類とその値について知り、実験の際の入力変数（独立変数）と結果の変数（従属変数）、そして制御する変数を考える。その後、「パイプの種類（材質・太さ・長さ）と音の高さについて調べよう」という簡単な実験をグループごとに計画を立てて、実験するというものである。前述のように理科の授業内での実験は、小学校・中学校・高校と学年が上がっても、その多くは与えられた実験であるため、変数を意識することは少ない。しかし、調べたいものを調べることができる実験をデザインするには、変数の設定は不可欠である。何と何の相関を調べたいのかを意識させている。

　また、実験ノートの書き方についても指導している。グループ研究であるため、グループに一冊の実験ノートとなるが、研究の証拠として最も重要な役割をなすこと、そのため「いつ」「誰と」「どこで」「何をテーマに」「どのように」実験観察を行ったのかをできるだけ詳しくボールペンで書かせている。グループのメンバーや指導教員とのディスカッションの内容や考えたこと、ふとした瞬間の思いつきなど、何でもいいから記録しておくという習慣を身につけられるよう指導したり、定期的にチェックしたりしている。

　課題研究の評価については、二つの視点から評価している。一つは、研究が科学的な探究方法により進められ、研究結果が明確になっていることを評価する「研究の視点からの評価」で、発表会の際に評価する。もう一つは、研究に対して真摯に取り組み、熱心に粘り強く努力を重ねていることなど、生徒の活動状況を見る「教育の視点からの評価」で、実験ノートをもとに評価する。特に「AS」については、活動期間も長く最終発表会も含めて計4回の発表会を実施している。使用するルーブリックが共通であるため、評価

をフィードバックすることで、生徒にとっては研究の方向性や進捗状況を客観的に捉える機会となっており、その後の課題の明確化につながっている。また、研究の進展に伴う自己の成長も実感できているようである。

課題研究と授業の相互作用

　SSHの研究指定を機に、課題研究の充実と授業改善への取組を行ってきたが、それぞれの取組の影響が少しずつ現れてきているように感じる。

　実験に取り組む態度である。授業での実験でも、実験のテーマを理解し、既習の内容から実験原理を考え、変数を設定し、実験をデザインするような実験活動に取り組めるようになったことである。物理の「動摩擦」や「空気抵抗」の実験では、動摩擦力や空気抵抗が何に影響されるのかについて実験を行っているが、学校で使用したことのある器具だけでなく自宅から必要なものを持ち寄って実験を計画する生徒も出てきており、課題を解決しようという積極性が見られるようになってきた。

　また、予想通りにならず、失敗の連続で、試行錯誤だらけの課題研究を経験することで、実験結果をうのみにするのではなく、本当にこれでよいのだろうかと批判的な思考を持つ生徒も出てきた。常に自分たちの活動を振り返り、考え修正することで身についてきたことだと思う。

　授業ノートが変化してきた生徒もいる。大事なことはすべて書く、授業時間内での気づきやそのときに疑問に思ったことを忘れないように残しておくといった行動は、実験ノートの効果であるのかもしれない。

　学校生活の中で、様々な活動から生徒は日々成長している。学校生活から社会に出るとこれまで以上に答えのない問題に直面していくことになる。自分で考え判断し行動できる人材を育てようという教育目標に向かって、全校体制で今後も取り組んでいきたい。その中で理科が担う役割は、教科書から学ぶのではなく、「自然から学ぶ」ことであるということを伝えることだと考えている。

探究活動での デジタル・ポートフォリオの 活用と評価

望月 未希

キャリア教育の重要性

　東京都立王子総合高等学校は、東京都で10校ある全日制総合学科高校のうちの1校であり、生徒自身が学ぶ内容を吟味して選択し、カリキュラムを構成するというスタイルを取っている。選択科目数は100を超え、語学や3DCG、奏楽など内容の幅広さに恵まれた状態にあるといっていいだろう。実際に社会で活躍している技術者や演奏者などの様々な職業の講師が担当する授業も多く、多角的な見方・考え方との出会いや体験も期待できる。チャイムもなく、移動教室が前提のため、教室の机に個人の荷物を入れる棚がないなど、教育環境からも自らが考え行動することを求められている。

　課題は、選択肢が多様であるがゆえに、自らがキャリアについて考えを練って行動しないと、授業選択やカリキュラム構成が散漫になりがちという点である。高校生活3年間を通して、本人たちの中に自分なりの"指標（ものさし）"を醸成し、キャリアを主体的に構成していく力を身につけることは喫緊の課題であった。

3年間のカリキュラム

　2021年度現在、1年次（総合学科では"学年"ではなく"年次"と表記）には「産業社会と人間」2単位、2年次には「総合的な探究の時間」（以下、

表2-2　キャリア教育の目標と手だて

目標　主体的に自らの学びを構成し、社会を生き抜く力を身につける	
1年次 産業社会と人間	新しい手法、情報収集や発信の仕方等に挑戦する！
2年次 総合的な探究の時間	課題を発見し、課題解決のために知識や経験を活用する！
3年次 課題研究	自ら問いを設定し、研究を行うことで学び続ける！

総合探究）1単位、3年次には「課題研究」2単位の必履修科目があり、高校生活3年間を通したキャリア教育が準備されている（表2-2）。2020年度まで2年次のみ内容を年次担任に任せる形だったが、仁井田孝春校長のキャリア教育重視の観点から、各キャリア教育授業主担当3名が進路相談部の専任となった。

　筆者はこの中で2年次の総合探究および進路相談部主任を担当している。2021年度当初、主担当を中心に3年間を見通したキャリア教育について話し合い、表のような探究的な学びの目標、および手だてを作成（表参照）し、授業計画等を立て、教職員への情報共有を行った。

　1年次主担当の松嶋裕教諭（本校9年目）、2年次主担当の筆者（本校2年目）、3年次主担当の瀬戸口裕子教諭（本校4年目）の3名は、定期的な分掌部会でキャリア教育授業の進捗状況や展望などを共有している。さらに、主担当で3年間を見通したキャリア教育を話し合い、記録している。

デジタル・ポートフォリオの活用

　キャリア教育では、3年間を通してデジタル・ポートフォリオが活用されている。その活用の仕方について示したものが図2-1である。デジタル・ポートフォリオの形式はベネッセのクラウド学習サポートサービス「Classi」のサービスを活用している。

図2-1 デジタル・ポートフォリオの構想

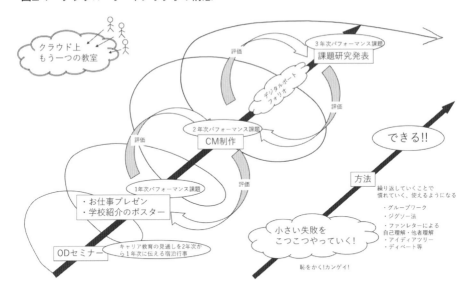

　図2-1でも触れているが、パフォーマンス課題による評価を一体として考えている。ここで言う評価は、先生方からの評価だけではなく生徒間で行われる評価活動（ファンレターを互いに送り合う）、また活動の省察により生成する自己評価も含まれる。評価は他者が判断し、与えられるものだけではない。自らが他者のパフォーマンス課題に対して「ファンレター」という評価活動を行うことを通して、過去や未来を往還し、自らの立ち位置や、成長を振り返ること。そして自己評価を通して将来の見通しや、挑戦する気持ちが生まれるためにも不可欠な過程でもある。

　図で言うと、1年次・2年次・3年次とパフォーマンス課題が設定されており、そこには別の年次が関わり、生徒が生徒作品に対して評価の根拠を明確にした「ファンレター」を与えることで他者への評価活動が行われている。

　他の年次のパフォーマンス課題（ポスター・CM動画〈図2-2〉・課題研究）は自分の過去であり、未来の形である。自己の延長ともいえる存在から与えられた他者評価は過去や未来の自分からの「ファンレター」であり「叱

図2-2　VRでどこでもつながれる！

2年次のパフォーマンス課題：
コロナ禍での困りごとを解決
するアイデアをグループで
CM動画にまとめる

咤激励」でもある。また、それらの作品ができあがるまでの過程もデジタル・ポートフォリオの中に保存してあるため、自らの学びの道筋をデータで振り返り、自己評価として活用することも可能である。高校生活を通して評価を活用し、キャリアへの主体的な構成力を導くには、未来と過去の自分、つまり入学から卒業までの3年間の高校生活の過程を経ることが望ましいと考えている。

「基礎デザイン」でのデジタル・ポートフォリオ

　また、同様の手法をキャリア教育授業だけでなく、他の授業でも活用している。手法が繰り返されることにより、デジタル・ポートフォリオを活用することに対する心理的な壁を低くし、自在に扱えるよう技術を身につけている。他の教科のポートフォリオは、探究的な学びの見方考え方や評価活動の重層性にも役立つだろう。

　例として筆者が美術科で担当している「基礎デザイン」の授業を挙げる。この授業では4月から行ってきた制作について毎回振り返りシートと作品写真の記録を続けている。さらに年間を通して、他年次に対して作品を公開し「ファンレター」という名の評価をもらう。例えば、2年次の作品には1年次と3年次から「ファンレター」をもらうことになる。1年次と3年次では作品を選ぶ視点が違ったり、アドバイスを行う内容も年次が進むごとに深く

なっていくのが特徴だ。

　生徒から見たポートフォリオの画面では、データ上の課題が並んでいる状態で、クリックすれば自らの行ってきた学びの過程が閲覧できるようになっている。「ポートフォリオ」としてまとめられているので、各教科、HR、探究等のポートフォリオとしていつでも取り出せる情報として整理される。

　年度末にはデジタル・ポートフォリオのデータを活用して1年間の学びを振り返るシート（図2-3）を制作している。自らにとってデザインとは何なのか、学んだ過程を振り返り、作品を自ら意味付けすることを通して指標をつくることに取り組んでいる。この授業の中でも、自らの学びについて、主観だけでなく、評価活動を行った経験や、他者からの評価も根拠として活用しながら意味付けるよう促している。

　図2-3の生徒は、1年間の基礎デザイン授業を振り返ったことで、最終的に制作した作品が、デザイナーの視点と自分らしさが融合したものとなっていることを自ら発見し、作品への満足度が高まったことを書いている。デジタルでポートフォリオを作成するメリットとして、生徒が自己評価のために

図2-3　1年間の学びを振り返るシート

学びの過程を活用しやすいこと、そして教員側にも紙のノートを集めたり、整理するなどのタイムラグがなくなることがあげられる。生徒の学習状況をすぐに確認することができ、アドバイスやコメントを書くこともできる。また、課題の未提出者等もすぐに把握することができる。

デジタル・ポートフォリオの意義

データの記録や収集、分析することなど、学びを鳥瞰的に見通すことが比較的容易になってきたのもデータのデジタル化が関係していると思われる。2022年度からGIGAスクール構想が東京都の高校にも反映される。校内Wi-Fiも整備された。時代の流れにより、念願であったデジタル環境の平等性が担保された今、本腰を入れてデジタル・ポートフォリオの活用を始めている。

また、コロナ禍で増加傾向といわれる不登校気味の生徒なども、クラウド上でならば参加するという例もある。クラウド上のポートフォリオが、校舎に行かなくても学びに参加できる一つの「居場所」として機能しているのではないだろうか。また、教室では積極的に発言できない生徒でもネットワーク内でならば活発に発言を行ったりしている例もある。

学びの意味を主体的に見いだし、考え、行動することには、指標となる評価が不可欠である。評価には、先生という他者評価、自己の延長的存在（他年次生徒）への評価活動、そして全体を見通して自らが省察したり、意味づけして行われる自己評価、この3点がこの実践では行われている。それらのデータ整理や収集、交流や分析を容易にしているのがデジタル・ポートフォリオである。

私たちの挑戦も始まったばかりである。初めて行う授業形式やデジタル活用も多く、時には失敗することもある。改善すべき点は多い。しかし、失敗を恐れず主体的、創造的に取り組む大人の姿は、きっと生徒にも良い背中を見せていると信じて日々の教育活動に取り組んでいる。

第2章
実践編Ⅰ

5

「看護医療・健康類型」の探究活動

福田 秀志

　兵庫県立尼崎小田高校では、多くの生徒が将来、医療・福祉系の職業を目指す「看護医療・健康類型」で、2年次の学校設定科目「看護医療基礎」と「探究応用」(「総合的な探究の時間」)で地域課題を地域住民・行政等と共に考え、解決に向けての取組を行っている。2020年度は、「防災・減災　災害に強い地域コミュニティづくり——高校生にできること」「病院から地域へ　在宅療養・看取り——高校生ができること」「子どもの居場所づくり——高校生にできること」の3テーマに分かれて31名が取り組んだ。

　三つのテーマの基礎的概念・知識については、全員が「看護医療基礎」(2単位)の授業において学び、地域社会の課題解決のためのプロジェクトの計画・実行については、「探究応用」(2単位)で行った。地域住民や行政、大学との協働の取組のため、土日・祝日や長期休業中に活動することも多い。

　ここでは、「防災・減災　災害に強い地域コミュニティづくり——高校生にできること」について紹介する。

ねらいと評価の観点

　ねらいは防災・減災活動を通して、地域の助け合い(「共助」の取組)の大切さを理解すること、「災害時要配慮者」の現状と課題に気づき、支援のために高校生として何ができるのか考え、実行していくことである。

評価の観点は、次の通りである。

(1) 地震を中心とした自然災害のメカニズム、避難行動について、阪神・淡路大震災などの教訓、防災の基本的な考え方「自助・共助・公助」について理解する。【知識・技能】

(2) 「災害時要配慮者」の定義、避難の現状と課題について理解し、支援の大切さについて理解する。【知識・技能】

(3) 「災害時要配慮者」の支援のために高校生ができることを考え、実行し、提案することができる。【思考力・判断力・表現力】

(4) 自分と地域社会との関わりに関心を持ち、課題解決について考え、行動することができる。【学びに向かう力】

(5) 自己理解・感情のコントロール、役割の達成、他者への配慮・関心、他者との協働の力をつけることができる。【学びに向かう力・人間性】

探究活動の内容

　災害時要配慮者の支援についての取組は5年目である。しかし、ここ数年の台風、豪雨災害が起こるたびに、「災害時要配慮者」と呼ばれる高齢者や障がい者の死者が多いという事実、活動をしても目に見える成果がなかなか見えない先輩たちの取組をみて、「高校生にできることなんてあるのだろうか」と行き詰っている状態であった。

　行き詰りの中でもできることを探す中で、二つのことを決めるに至った。第一に災害時要配慮者が安心して生活ができる福祉避難所の指定施設を増やす取組である。第二に災害時要配慮者の人たちが災害時にどういうことで困っているのか、どのように支援をすればいいのかをシナリオを作成し、朗読劇で市民に訴えることである。

　第一については、夏季休業中に尼崎市内の32の福祉避難所に対して、現状と困っていることなどについてインタビューを行った。その聞き取った内

容を大学院生の協力を得て、GIS（地理的情報システム）を利用し、位置情報、インタビュー内容を打ち込み、地図上に掲載した。備蓄品や人員、職員の研修時間もなく、いざという時に福祉避難所としての機能を果たせないという現状を知ることができた。

　その後、災害時に福祉避難所が必要な人を仮に75歳以上として、その人が住む地域に福祉避難所が設置されているのかを地図を使用して確かめる作業を行い、可視化できる地図を作製した。地図では、青い点で福祉避難所を、赤色が濃いほど75歳以上の高齢者が多い地域を示している。この地図から福祉避難所を必要とする人に対して、尼崎市内のどの地域に優先して福祉避難所を増やしていかなければならないのかを読み取ることができる。

　この結果を基に、市役所の福祉課、災害対策課、地域課の課長と懇談を持ち、福祉避難所へのインタビュー結果を伝え、現状についての認識を聞くとともに、福祉避難所が足りていない地域に対して行政としてどう考えているのかなど意見交換を行った。

　第二については、災害時要配慮者の現状を知るために、障がい者団体と懇談し、困っていることなどを聞いた。また、東日本大震災時の障がい者が置かれた状況、避難所での排除の現状を描いた映画などを参考にシナリオを作成し、市民に伝えた。

　また、機会のあるごとに災害時要配慮者の現状について、ポスターを作成し、伝える活動を行った。看護医療・健康類型全体で開催した3回のイベントにおいても、災害時要配慮者の現状や「共助」の大切さを訴える活動を行った。また、「あまおだ減災フェス」や小学校での防災前授業なども実施した。

生徒たちの意見表明

　講義やイベントの後には、わかったこと、考えたこと、疑問に思ったことなど、毎回500字程度の「意見表明」を書いてもらい、当番を決めて、全員

分をまとめてメールで私に送信してもらっている。

　次の時間に名前を記載した上で全体に配布し、友人の意見から新たな気づきにつながるように促している。私も意見表明に必ず目を通し、生徒の意外な気づき、理解の深まり、素朴な意見、違和感の表明などに留意しながら、評価の観点の(3)(4)(5)について評価をするようにしている。

　防災士による防災の基礎知識の講義、大学教員によるGISの使い方の講義、市役所職員による「避難行動要支援者」「災害時要配慮者」などの講義、県の防災副読本による講義での知識・理解については学期に1回の考査で評価を行っている。

　また、話し合いや準備などの時間については、A4判1枚のワークシートに記入してもらい、その日の活動内容や本人の気づきなどを確認し、事あるごとに声をかけることにしている。また、劇やプレゼンテーションの練習には必ず付き添うことで、生徒の良いところに着目しながら、評価に加味している。

評価から指導・学習の改善へ

　災害時要配慮者が平時どのように困っているのか、避難行動要支援者名簿や福祉避難所の大切さを市民に伝えるための劇のシナリオづくりが予想以上に時間がかかった。そのことをある生徒は以下のように書いている。

> ・学べば学ぶほど、災害時要配慮者について地域住民に伝えていくことが一層必要だと思うようになった。しかし、イメージをうまくシナリオ作成に結びつけることができず、本番まで2週間となってしまった。私も部活動を理由に率先して動こうとしなかった。自分が決めてしまったら周りに何か言われるかもしれない。そのため、誰かが決めてくれるのを待っていた。

　私は劇のシナリオ作成を自分たちの手で成し遂げてほしかった。その理由は、障がい者団体に懇談を申し込み、聞き取りをしたり、東日本大震災時に

障がいがある人たちの苦悩を描いた映画を鑑賞したりと自分たちなりに災害時要支援者に寄り添う姿勢が見て取れたからである。しかし、あと2週間しかない。30分の劇のセリフを覚えた上で、役になりきり演じることができるのだろうかと考え、「朗読劇」を提案した。

セリフを覚える必要がないので、負担が減ると考えたからだ。それに対して、「正直、悔しかった。先輩方は自分たちで考え、立派なものに作り上げてきたのに私たちは何もできていないと思った」と書いている。

その後、無事シナリオを自分たちの手で作成し、内容に間違いがないかを市役所の災害対策課、福祉課に確認してもらい、練習を始めたのが1週間前であった。

・毎日練習した。放課後だけではなく、3限後にみんなで昼食を済ませ、昼休みの時間も利用した。

・棒読みと早口で伝わらなかったが、毎日読み合わせをすることで読むだけの劇が伝える劇に変わった。最初は恥ずかしさから声も小さく、役になりきれてなかったが自信がつき堂々とセリフを言えるようになった。本番は朝からリハーサルを行い、立ち位置や声の大きさなど細かいことをギリギリまで確認した。劇が始まるとあっという間で気づいたら無事に終えていた。伝えたいことはしっかり伝わったのか分からないが、最後までやりきれて良かった。劇の内容が決まらなかった時は本当にどうなるのか不安だらけだった。しかし、やれることはやるという思いで突き進んだ。

この後、「誰一人取り残さない　防災・減災地域コミュニティづくり」というテーマで「SDGs Quest みらい甲子園　関西エリア大会」にエントリーし、アイデア賞を受賞することができた。

学びの振り返り── 生徒の声

その他の生徒についても、次のような「学びの振り返り」を書いている。

- 災害時要配慮者について多くの人が知ることで災害時に亡くなる人が減ると思う。共助の大切さ、特に地域コミュニティの構築について、劇を演じることで理解することができた。市役所職員との懇談で、福祉避難所が足りないのならば、増やせばよいと思っていたが、高齢社会や税収の問題など課題があることも知ることができた。

- 災害時要配慮者のことについて多くの人に伝えてきたが、知らない人の多さに驚いた。映画を見たり、障がい者の親御さんに話を聞いた。障がい者の親御さんとの懇談では知らなかったことばかりで、苦労し、悩んでいることが理解できた。障がい者の特性や苦悩を多くの地域住民に伝えなければならないという使命感がわいてきた。

- 劇の活動を通して、周りを見る能力、臨機応変に対応する力、指示を出して周りの人を動かす力が身についた。災害時要配慮者についてのポスタープレゼンテーションでは調査研究した内容を理解し、質問されても応答できる力やセリフがとんでしまってもアドリブで話すことができるようになった。また、コミュニケーション能力や時間内に物事を進め、解決に導く力も少しはついたのではないかと思う。

- いままで「災害時要配慮者」という言葉さえ知らなかった。まして、どのようなことで困っているのかを想像したことすらなかった。障がいについて自分が理解するとともに地域の人にも知ってもらいたいと思うようになった。「高齢者は未来の私」「障がい者はもしかしたら、なるであろう私」だ。つながりをもっていざという時には助け合いができるようになりたいと思った。

- どのように地域に関わることができるのか全く知らず、あまり関心がなかった。また、地域コミュニティの大切さについてもほとんど理解していなかった。しかし、活動を通し、地域コミュニティやご近所の大切さを理解することができ、地域との関係を大切にしなければならないと感じた。

　「総合的な学習の時間」の評価として先に挙げた評価の観点から、生徒の学びの振り返りを見ると、すべての生徒が目標について達成していると考えている。高等学校の段階で地域の課題に取り組むことの大切さを私自身が実感できるものとなった。

他校交流で主体性を育む「高校生サミット」

秋山 衛

兵庫県立尼崎小田高校（以下、本校）は、文部科学省のスーパーサイエンスハイスクール（SSH）研究指定を2005年度から受けている。2015年度からの第3期指定では「持続可能社会構築を実践するグローバル人材の育成と評価法の研究」をテーマに、課題研究を軸とした全校的な探究活動における生徒の主体的・協働的な活動を通して、四つの力（「論理的思考力」「表現力」「コミュニケーション（ネットワーク）力」「マネジメント力」）を育成してきた（「コミュニケーション力」「マネジメント力」の内容については、第1章第6節参照。なお、2023年現在は第4期指定を受け取り組んでいる）。

特に、他校との連携により実施してきた高校生フォーラムやその後継の高校生サミットは、府県を超えた複数の高校の生徒が連携して主体的に企画や運営、共同研究をすることで、より高い効果を得ることができた。この取組は主として、SSHの科学技術人材育成重点枠等を活用しながら、これまで12年間取り組んできた。本節では、高校生サミットをどのような目標設定で行い、どのように取り組み、生徒の成長をどう促してきたかについて紹介する。

高校生フォーラムから高校生サミットへの経緯

本校は、SSH 2期の研究開発（2010年度～）から、持続可能社会を構築する上で重要な環境問題を題材とした課題研究として、地元尼崎港の環境問題

に継続的に取り組んでいる。尼崎港・尼崎運河の環境を調査し、その結果を踏まえて、青く美しいかつての海を取り戻す「再生」に向けての課題研究を進めていく中で、同様の課題で研究を行っている高校と情報交換を行い、より研究を深めたいと考えた。そこで、同じ地域の海の環境について研究をしている高校生の情報交換の場として、2011年度から高校生フォーラムを企画した。

この高校生フォーラムを発展させ、2018年度から実施したのが高校生サミットである。高校生サミットでは、学びを生かして地域の課題を適切に把握し、その課題を解決することを目指して、地域の様々な機関と連携した実践（「行動」「提言」「貢献」）を行うことで、相乗効果をさらに高めることをねらいとした。また、海の環境問題から、さらに学際的な課題として防災へも視野を広げるとともに、コロナ禍の2020年度はオンラインによる取組などICTを活用した取り組みも行っており、毎年工夫を重ねながら発展させ、現在に至っている。

ディスカッションを改善するプロセス

高校生フォーラムは、当初、各校が研究発表を行うスタイルでスタートした。しかし、生徒の研究の深まりだけでなく、コミュニケーション力の育成にも効果があるのではと考え、第3回（2013年度）から初めて学校を超えて話し合うディスカッションを取り入れた。それまでに交流のない他校生徒とのディスカッションは難しく、活発な議論には至らなかった。ところが、その不活発に見えたディスカッションに対し、生徒アンケートでは「初めての経験で非常に大きな刺激を受けた」という意見が多数あり、工夫すればより効果の高い取組になることが示唆された。

そこで、第4回（2014年度）からは、より生徒主体の活動に焦点を合わせた取組に改良することにした。具体的には第一に、高校生フォーラムに向けて、7校の連携校の生徒が海岸調査等のワークショップや共同研究等を行う

とともに、各校の代表生徒による生徒実行委員会を組織し、生徒が主体的・協働的に企画・運営を行えるよう、ワークショップのたびに生徒実行委員会を開催することとした。連携校7校とは、瀬戸内海地域に存する兵庫県立尼崎小田高校、兵庫県立神戸商業高校、神戸市立六甲アイランド高校、大阪市立東高校、山陽学園中学校・高校、安田女子中学校・高校、広島県立広島国泰寺高校である。設置者（県立・市立・私立）も学科（普通科、理数科、国際科、商業科）も様々で、生徒実行委員会はこれら7校の理系・文系を混合した生徒で組織した。この多様性こそが、生徒たちが様々な視点から刺激が得られた最も大きな理由である。

　第二に、フォーラムの際のディスカッションは、より少人数（6〜7人）でのグループ・ディスカッションとした。ディスカッションの運用上の工夫として、出された意見をホワイトボードにまとめていく「ボード・ディスカッション」の手法も開発した。他校生徒とのディスカッションは互いの刺激になり、コミュニケーション力が大きく伸長した。例えば、当初は出された意見をボードに書くだけだったのが、段々と他の生徒の意見を聞いて新しいアイデアを出し、班の意見をまとめるために互いの意見を関連付けるような意見が出てきた。後半になると、グループの全員が顔を近づけてうなずき合い話し合うなど、随所で積極的な関わりを行う様子が見られた。

　このディスカッションに向けて、生徒実行委員が生徒主体で企画、役割分担、進行を行うことで、生徒同士が一つのものを作り上げるマネジメント力も育成された。生徒実行委員は回を重ねるごとに意見交換が活発になり、他校生徒同士にもかかわらず、自然に役割を分担し、運営している姿が見られるなど、この取組による生徒の成長を確認することができた。

生徒の提案から生まれた共同研究

　連携校の生徒実行委員会の話し合いから、他府県の学校がせっかく集まるこの機会を活用して、地理的条件を活かした共同研究を行おうという動きに

もなった。

　最初はどの連携校でも行えるものとしてビーチコーミング（漂着物調査）を実施した。その研究を行う中で、当時は、今のように世間で広く知られていなかった、砂浜に埋もれている微小プラスチック（マイクロプラスチック）の存在に気づいた。この小さなプラスチックはどのくらいあるのか、環境にどのような影響を及ぼすのかという問いから、その存在状況を調査し、発生原因や環境への影響について考えていきたいという生徒の声がでた。そこから共同研究に発展した。連携校での共同研究の成果は、高校生フォーラムや高校生サミットで各校の研究発表と併せて報告し、当日のディスカッションのテーマにもなった。

生徒の変容

　年間4回の生徒実行委員会の最後に、年間の取組の振り返りを行った。また、連携校の担当教員との振り返りも行い、検証した。このことにより、高校生フォーラムや高校生サミットに参加した生徒、特に生徒実行委員として参加した生徒が、取組を通して大きく成長する様子が実感された。ここでは、その裏付けとして、アンケートに寄せられた、生徒実行委員と連携校担当教員の回答を紹介する。

◆生徒実行委員の回答

・他県の高校生との交流ができ、地域の状況やいろいろな考え方を知ることができた。
・主体となって取り組むことで、テーマに対して積極的に取り組むことの楽しさを知った。
・表現力やコミュニケーション力、行動力、グループをまとめる力、人を引き付ける力が身についた。
・協議して一つのものを作り上げようとする能力、議論して最善の方法を考える能力が身についた。
・議論が滞ったときにその状況を少しでも動かそうとして、案を出してみた。

・実行委員として「みんなにどうですか？」と問いかけるときに、どう言えばみんなに伝わるのかと悩んだ。自分の意見や思ったことはなるべく言うようにした。

◆連携校の担当教員の回答

・これまで主体性がない、コミュニケーションを取ることが苦手だった生徒が成長していく姿を見ることができた。人前で説明すること、他人の意見を聞いて考えること、振り返りをすることが、少しずつだが、できるようになったと思う。
・人見知りだった生徒が、物怖じしなくなった。やらなければならないことから、逃げなくなった。特に、実行委員はものすごく変わったと思う。
・同じ生徒に2年間続けて実行委員をさせた。連続して参加することで、生徒の成長や満足度を見ることができた。最初は苦手意識もあったが、だんだんと自分の成長を生徒自身が気づくようになり、貴重な学びの場となったという意識がある。

大学と連携した評価研究

　高校生フォーラムや高校生サミットを通して、大きく成長した生徒の変容は実感できたが、その変容を見える形で評価し、示すことができないかと考えた。そこで、この研究について2014年度から京都大学大学院教育学研究科教育方法学研究室と連携して取り組んできた。

　具体的には、連携校の生徒により構成する生徒実行委員会の生徒の「コミュニケーション力」や「マネジメント力」の伸びを評価するルーブリックを開発し、同じルーブリックを用いて連携校の教員がそれぞれの学校の生徒を評価することで、汎用性ある評価法を開発した（第1章第6節の表1-6、p.66参照）。ルーブリックによる評価の結果を、生徒実行委員と当日参加のみの生徒に分けて分析した結果、生徒実行委員の方が「コミュニケーション力」や「マネジメント力」がついたことが示され、生徒自身も実感していることを確認できた（表2-3参照）。

　また、生徒自身が自己変容をさらに実感できるようにするため、ポート

表2-3　アンケートによる生徒役割別の自己評価比較（2019年）

	実行委員 （ア）	参加生徒 （イ）	（ア）－（イ）
グループ内で協力したり意見交換できた	91%	79%	12%
グループ内で協力したり意見交換する力がついた	87%	71%	16%
自分の課題研究の認識が深まった	86%	77%	9%
自分の課題研究に応用できる学びがある	75%	71%	4%

フォリオ評価法にも取り組んだ（第1章第4節参照）。

　こうした学校の枠を超えた評価の実践研究は、妥当性・信頼性・汎用性のある評価方法を確立していく上で意味深い。評価方法の工夫により、その都度、生徒たちの成長と残されている課題を確認したことが、取組自体の改善にもつながったと言えよう。

高校生サミットの波及効果

　高校生サミットは、その取り組み時だけでなく、各校の探究活動の深まりや卒業後のネットワークの広がりにもつながっている。

　例えば、高校生サミットでの協働活動をベースに、各学校での探究活動でも互いに切磋琢磨しながら、共同研究のテーマである海洋ゴミ問題に関して、それぞれの学校が視点を変えて研究に取り組み深化させレベルアップを図っている。

　また、本校をはじめ連携校の多くの生徒が、高校生フォーラムや高校生サミットでの研究をさらに深める進路を選んでいる。生徒実行委員会で共に活動した本校と連携校の生徒たちが、同じ大学に進学し、引き続き瀬戸内海の環境の研究を行っている例もあるなど、卒業後のさらなるネットワークの広がりも生んでいる。今後はこの取組の成果を広く発信していくことが求められると感じている。

瀬戸内海ブルーオーシャンプロジェクト

井上 貴司

瀬戸内海の海洋ごみ問題と向き合う

　山陽学園中学校・高等学校で私が顧問を務める地歴部では2008年から瀬戸内海の海洋ごみ問題の解決に向けて、ごみの回収活動と啓発活動に取り組んでいる。部活動のため、授業内で取り組む「探究的な学習」ではなく、地歴部も本校の強化対象部ではないため、選抜生徒が入部することもない。興味や関心を持って入部した生徒による探究的な実践である。

　「海洋ごみ」「海洋プラスチックごみ」の問題は、現在では世界各国が解決に向け注力しているが、2008年の活動開始当時は、高校生の「面白い活動」という印象に過ぎなかった。海洋ごみ問題の規模は大きく、どこに問題意識を持ち、どんな方法で解決したいのか、生徒への問いかけから実践を開始した。そして、3年間で入れ替わる生徒を本気にさせることで、活動の幅を広げ、深化を遂げた実践となっている。

海洋ごみの課題を洗い出す

　海洋ごみには、漂流ごみ、漂着ごみ、海底ごみの3種類がある。例えば漂流ごみと漂着ごみには、公的な回収者や管理者がいるが、海底ごみは所在が目視不可能であり、公的回収者も不在であるというように、海洋ごみの特徴や課題を洗い出すことから始めた。海底ごみは公的回収者の不在から、海

底へ継続的なごみの沈積があること、海洋ごみの約8割は陸域起源であること、閉鎖性海域の瀬戸内海は外洋との出入りが少ないなど一定の調べ学習の成果が上がった。

その中で注視したのは、海底ごみ問題を認知していない生徒の多さである。その原因は、生活ごみは目視可能だが海底ごみは目視不可能なことと、海底ごみと陸域の生徒との距離感の大きさである。生徒の感想は、探究のステップを次へと進める重要な要素であり、生徒の主体的な考えと行動の引き出しであると私は考える。

生徒が注目した一つは、海底ごみには公的回収者が不在で、目視や実態把握が不可能であり、解決への糸口が見えない現状があること。そこで、海底ごみの回収者となることを決意した。二つ目は、生徒の問題認知が乏しいように、社会の認知度の低さを問題視した。そこで問題の啓発活動をして、問題の周知と発生抑制に努めた。

生徒が問題解決に向け見いだした回収と啓発は、学校の枠を超えた実践が予想され、社会や地域との連携を模索する必要があった。教室や実験室、教科書では分からない学びや経験の獲得であり、学校を飛び出し社会や地域との接続への挑戦である。

社会との接続を意識させる

海底ごみの回収作業には、漁業関係者の協力が必要不可欠である。生徒の活動は、土日や長期休暇等の昼間に限られる。生徒の回収活動に力を貸してくれる漁業関係者に出会えたことは幸運であり、感謝の気持ちを忘れることはない。底曳き網を漁船で引き、海底から船上へ引き上げると、魚介類に混ざり大量のごみを目にし、多い時には魚介類の数を上回る。船上作業を経験した生徒からは次の声が聞かれた。

○ごみが魚介類より多く、海底がごみ箱の状態になっている。

○ごみの種類はプラスチックやビニール等の生活品ばかりである。

○高校生にも関係深い弁当容器やスナック菓子の袋もあり、責任を感じる。

○劣化した破片のごみが多く、長期間（昔から）海底にあるのではないか。

○破片化したごみや産業廃棄物を引き上げられず悔しい。

○漁船は揺れ、ごみは汚く臭いので作業環境は苦しい。

　　陸域の生活者として海底ごみの回収による堆積量の減少を目指す生徒の自覚は、教師側から伝えなくても、回収作業の経験から学び、生徒の言動から明確である。回収者の不在は、情報発信力に欠け、認知度の低さが原因である。現場で知り得た情報の発信は、8割が河川からの流入ごみで構成される海底ごみの発生抑制につながる。回収作業は次のステップへつながり、情報発信に対する生徒の新たな責任感が芽生えた。

　　海底ごみの啓発活動は、情報発信を通じて生徒が社会や地域へ入ることである。瀬戸内海は閉鎖性海域であるため、沿岸域から廃棄されたごみが瀬戸内海へ流入するからこそ、沿岸域へのアプローチは重要であると考える。

　　啓発活動の目的は、何よりもまず問題について「知る（知ってもらう）」ことであり、メディア、学会、出張講座・体験学習会等の多くの場面から問題を訴えかける。出張講座ではプレゼンやポスターだけではなく、「目視不可能」という問題点を「見える化」するため、回収した海底ごみの展示や、回収現場のVTR視聴を通じて臨場感を出すことで、さらなる理解を促した。

　　体験学習会や出張講座では、参加者への配慮も必要である。子どもを対象とした親子体験教室では、単に海底ごみ問題に終始しては、子どもにとって退屈な時間となる。海辺の生物の観察、おいしい海の幸の試食など年齢に応じた切り口を選ぶことで、充実した体験や学びを可能とする。一方通行の情報発信ではなく、聞き手の立場を理解した構成と準備を心がけている。

　　内陸地域での展示会では、課題を突き付けられた。参加者から、海洋ごみと内陸部の関係のなさや、問題が沿岸部特有であるとの指摘を受け、生徒は返答に困った。知らせることがテーマの啓発活動の挫折である。しかし、こ

の経験は啓発活動の幅を広げる分岐点となった。「内陸」と「海洋ごみとの関係」という参加者の発言に注目して生徒は議論した。返答に困った発言を課題に設定して、解決へ向けての道筋を立てた。生徒は沿岸部と同様に、内陸部の人にも納得できる内容を示そうと考えた。一つは、地域別の認知度調査を実施し、海からの距離に比例した認知度の低下に注目した。知らないでは問題の解決は見込めず、内陸部だから知ってほしいと考えた。

　二つ目は、その地域を流れる瀬戸内海まで達する河川の全域の河川ごみを調査して、ごみの特徴をデータ化した。その結果、下流域ほどごみの量が多いことはもちろんであるが、下流域ではごみの細分化が進み、河床への堆積の開始を確認した。これは、内陸部（河川の上流部）廃棄のごみが下流部や瀬戸内海へ影響を及ぼしていることを表す。生徒は「つながる化」プロジェクトと名付けて、地域間の共通認識と相互理解を促すプレゼンを実践した。

　課題解決に向け、社会や地域で啓発活動を実践すると、新たな課題を発見する。その時こそ、立ち止まり時間をかけて向き合うことが大切である。ヒントは社会や地域が教えてくれる。それに気付き、考察して還元することで、助言やエールをもらう。それが自分への評価であると認識し、さらに自分を高められ、次へのチャレンジの動機付けとなっていると考える。

世界を知る、世界に近づく

　2015年に、国連ではSDGs（持続可能な開発目標）が採択され、17の目標が設定された。SDGsのゴールは2030年であり、その時、現在の生徒は20歳代であり、社会の中心的な存在である。この時の世界や社会をどうしたいのか、SDGsの目標に生徒の活動を当てはめて具体化したことで、生徒の実践が加速することを実感した。「持続可能な開発」とは、現在を未来へ残すこと、生徒の活動に置き換えると、回収活動で現在堆積する海洋ごみを減らし、啓発活動で未来に発生する海洋ごみを減らすことである。世界が共有する目標に生徒の活動がグッと近づいた瞬間だ。

SDGsの目標のうち、⑫「つくる責任つかう責任」は、ごみの廃棄者の責任ある行動を促す、⑭「海の豊かさを守ろう」は、海の豊かさに感謝し、海の生物多様性を守るなど、生徒の具体的な活動もSDGsの多くの目標達成に寄与しており、自信から確信へと変わった。2019年には、G20大阪サミットとドイツで開催された国連SDGs会議へ生徒が参加した。その中で学んだことは、環境問題は環境分野だけではなく、異なる分野・業種からアプローチすることの必要性である。これは現在取り組む「自分事化」プロジェクトのヒントなり、その根幹となっている。

協働による社会的意義付け

公共施設の出張講座で生徒が発表した際、1人の生徒の発言が活動の社会的意義を考える問いとなった。それは、申込制による参加者は意識が高いため、逆に啓発活動の効果が薄いというものだった。講座参加者のアンケート調査の結果からも、普段の生活の中において、高いごみ分別率やエコバック使用率がうかがえた。企画型の啓発行事の効果が薄いと考えると、何に取り組めばよいか模索した。しかし、解決策は参加者が考える問題の「自分事」意識にあった。つまり、問題を「他人事」と考える人へのアプローチである。企画への参加が難しい人が大部分である。その人たちへの啓発は容易ではないが、人の日常生活を想像し、生徒はその切り口に身近な「日常生活」と「（住む）地域」をあげた。

日常生活から訴えかける場面としては、商業施設を選んだ。商業施設は理由がない限り、同じ場所で買い物をし、週に複数回利用する。また、商業施設は「経済」と「環境」が交錯する場面でもある。販売品の多くはプラスチック・ビニール製品または包装品である。必要として購入した物は、消費（使用）前は大切にするが、消費（使用）後は必ずごみとなり、適切な処分・廃棄まで意識されない傾向がある。商業施設での訴えかけを継続することは、効果が大きく、経済・環境分野からの協働となった。

「地域」からの訴えかけとしては、地域の用水路調査を選んだ。用水路は河川を通じて瀬戸内海へつながる。用水路調査からは、ごみが住宅地や幹線道路沿いに多く、人為的な影響が表れた。結果をまとめた「地域の用水路ごみマップ」は、町内会による用水路の清掃活動に活用されている。足元のごみと海洋ごみとのつながりの認識は、意識と行動の変化を促し、一過性の実践ではなく継続的かつ発展的な実践となった。二つの「自分事化」プロジェクトに生徒はやりがいと手応えを感じている。

未来への自覚と責任

　海洋ごみ問題の解決に向けて取り組むごみの回収活動から得た思いや情報を、廃棄者の目線から啓発活動に取り組むことで、人の意識と行動を変える実践は、SDGsの視点から具体的な課題や目標を明確にすることで方向性を確認でき、目標達成に向けて動き出し、加速する手応えを生徒は肌身で感じている。生徒の活動から得た課題から、アイデアと実践で社会へ貢献するための資質の向上は、持続可能な社会の実現の担い手として大切な学びと財産である。生徒が社会へ出た時の世界や地球がどうなっていてほしいのか、どうしたいのか、生徒自身が問いかけ、その答えを求めながら学びを深め、世界や地域の一員として自覚して行動できるよう、生徒の目線から地域や日常生活に根差し、地域や社会を巻き込む実践は、生徒に大きな自信を与えた。
　地域や社会で学ぶことは、新たな課題を突き付けられ、厳しさを知ることもあるが、協働による多くの学びには、生徒の背中を強く押してくれる力強さと優しさがあり、社会へ出るリハーサル期にある生徒の大きな成長につながる。さらに、社会・地域・未来を変える手応えを感じ、自覚と責任がやりがいや達成感につながることは、次の課題への高い動機付けとなり、好循環を生んでいる。今後の高校生の探究活動から未来への挑戦にご期待いただきたい。

探究活動を通して
地域リソースを発掘する

田中 容子

　高校生の日常は学校生活や部活、アルバイト等で忙しく、授業で学ぶのは普遍的な知がほとんどだ。自分の暮らす日常生活の足元をじっくり見るゆとりはなかなかなさそうである。そのような中でも、自分たちの暮らす地元に注目して"Think Globally, Act Locally"の精神を体現した生徒たちが生まれた。その生徒たちがどのような経過で地元に目を向け、世界を見る新しい窓を獲得していったのかを報告する。これは筆者が京都府立園部高等学校で指導教諭としてかかわった2015年度の実践である。

課題研究のおもしろさを経験

　当時は第2学年の「総合的な学習の時間」を使って課題研究がカリキュラムに組み込まれていた。それは生徒がそれぞれテーマを決めて個人研究を行い、レポートとポスターを作成して各クラス内で発表する、そしてそれぞれのクラスから2名ずつ選出された代表者が学年発表会で発表を行うというものだった。各学年には四つの異なるコースがあり普段は部活動以外でのコース間の生徒交流はなかったが、この課題研究学年発表会（2学期末）では互いの発表に対して活発な質疑応答がなされていた。各クラスを代表する発表はいずれも聞き応えがあり、聞いている側が大いに興味をそそられる楽しいものだったからだ。

　一方、この校内カリキュラムとは別に京都府教育委員会による「グローバ

ルネットワーク京都交流会」という、指定された九つの府立高校からプレゼンテーションチームとポスター発表チームが参加するコンテストが設けられていた。ここで紹介するのは、園部高校からこの交流会の2015年度プレゼンテーションコンテストに出場したチームの生徒たちの学びの姿である。担当した私は、チーム編成に際して、特定のクラス（コース）で編成するのではなく、第2学年全体からメンバーを募ってチームを編成するという方針を採っていた。異なるコースから自ら進んで公募に応じてくれる生徒たちを集めることがチームの多様性を高め、そのことが力になると考えたのだ。チーム編成の時期が学年の課題研究発表会の時期と重なったことが幸いした。課題研究という学習活動の中で、自分でテーマを設定して調べ、考え、結論を導く一連の行為を経験して、「もっと何かやりたい、できるかも」と感じた生徒たちがチームメンバーに手を挙げてくれた。

「2015年度グローバル京都交流会プレゼンテーションコンテスト」は3学期（2016年2月）に実施が予定されており、そのためのチームメンバー公募を2学期後半から末にかけて行い、7名（女子5名、男子2名）が応じてくれた。当時の京都府立園部高等学校には普通科Basic、普通科Advanced、普通科中高一貫コース、京都国際科と四つのコースがあったが、前記のメンバーはポスターセッションへ出場する京都国際科を除く三つのコースすべてからきていた。

「豊かさとは何か」から

2015年度プレゼンテーションコンテストの共通テーマは「安心して豊かに暮らせる国際社会にするには」であった。チームメンバーたちは、「『安心して豊かに暮らせる』とはどういうことなのか」について討論を重ねた。私からの発言は話が現実を離れないようにとアドバイスをするのみであった。チームはまずHR担任に協力を依頼し、全校生徒に『豊かさ』についてのイメージを記述式で書いてもらった。その集計結果が以下である〈心

118、衣食住83、富67、環境42、精神的環境37、理解者36、その他精神的なもの26、喜怒哀楽20、その他の物5、わからない7：回収総数441、数字は実数〉。

　チームメンバーは「富」よりも「心」「精神的環境」「喜怒哀楽」「理解者」等の精神的な要素を書いた生徒が合わせて半数以上を占めていることに注目した。「生活に困っていないという前提であれば『豊かさ』が精神的なことに求められるのは自然だと思う」「この学校の生徒の場合はそういう条件の人が半数以上いるといえるのかもしれない」「しかし一般的にはまず衣食住が足りていなければ暮らしていけないわけだし」というやりとりを経て、チームの見解は「安心して豊かに暮らせる」とは「衣食住が足りていて心が安定している（充実・満足・安心・笑える・幸せだと思う・平和）こと。世界中が『安心して豊かに暮らせる』ために必要なことは、自分たちが"世界の中の私たち"という視点を持って暮らすこと、つまり資源を使いすぎない、持続可能な暮らし方を私たちがしなくてはいけない」という点に行きついた。

日常生活圏へ目を向けて

　どのようにして「持続可能な暮らし方」を実践すればよいのかについて考えている時に、南丹市北部の美山町から通学しているメンバーが「"ここにあるもの"を活かす暮らし方がいいのではないか」という発言と共に、美山で地域にある資産を生かしてエネルギーを生み出す暮らし方を発信しているNPO法人美山里山舎（http://satoyama-sha.com/）の活動を紹介した。さっそく詳しい話を聞きたいということになり、私が美山里山舎に連絡を取ってプレゼンチームの事情を説明し詳しいお話をお聞きしたいとお願いしたところ、代表の小関康嗣さんが来校して美山里山舎の理念と活動を講義してくださった。

　小関さんは日本の伝統的建築法（木造軸組み）を実践されている大工さん

で、建築にとどまらず地元に豊富にある水や木材を有効な資源として活かす地域循環型の暮らしを実践する活動をされ、それを世界へ発信しておられた。話に興味を持った生徒たちは実際に見学させていただくことを希望した。幸い1月中旬に設定されていた生徒自宅学習日をそれに当てることにして許可を得て登校し、私と副校長の車に分乗して約1時間のドライブで美山里山舎へ向かった。

　「"ここにあるもの"を生かす暮らし方」のイメージをつかめていなかった生徒たちの理解は、現地を見学することで一気に進んだ。農業用水路に仕掛けられた水力発電機、目の前の山の資源（木質バイオマス）をエネルギーに変える薪ストーブや木材チップを燃焼させるボイラーなどを詳細な説明と共に見学し、小関さんの案内で木材を切り出している山も見学した。山に対して最小限の侵襲で木材を切り出す道が作られていて、切り出した木材はその場で製材され端材や枝葉は木質バイオマスとして有効利用される。それが木材を有効利用することにつながっていることを、生徒たちは実際に歩きながら実感したようだった。

　また小関さんからは、日常暮らしている「見える」範囲という小さな単位でエネルギーを含めた自立を目指している、今まで数十年間放置されてきた山に丁寧に人の手を入れることでその資源を生かしていきたい、という理念が語られた。「薪をエネルギー源にしているが、伐採の消費に木材の再生は追いつくのか」という質問に対して「生産できる分だけを消費するように暮らせばいい」という考え方を示され、生徒たちは「地元に密着して

図2-4　山を歩き説明を聞く生徒たち

そこにある資源を生かして暮らせるように暮らす」というスタイルについて初めて考えたのだった。

「木材という地元の資源からエネルギーを引き出し、小さな地域の中でエネルギーの循環をつくり出して暮らす」という発想に触れて、新鮮な思いで自分たちの地元を見直した生徒たちであった。そして同時に彼・彼女らは、この見学後半に紹介された実習中のフィンランド人女性から「日本の伝統建築法である軸組工法に惹かれてもっと知るためにここに滞在しています。これを海外に発信していきたいと考えています」「インターネットでホームページを見て知りました。実際にここに来て実習してわかったことが多いです」と話されたことから一気にグローバルな視点を突き付けられることとなった。

美山里山舎の見学は、チームメンバーがそれまでなんとなく抱いていた問題意識を明確にするきっかけとなった。生徒たちは「安心して豊かに暮らせる国際社会にするには」というテーマについて論じてきて、「資源を使いすぎない、持続可能な暮らし方を私たちがしなくてはいけない」という一般論的な方向性でプレゼンテーションの内容を考えていた。しかし、美山里山舎での学びが生徒たちの意識を足元へ向けさせ、まずこの国のエネルギーの使い方を調べることから着手しなければと気付いたのだった。そして、日本は世界平均の約2倍のエネルギーを消費し、そのエネルギー源の95%を輸入していることを知り、美山里山舎で学んだ「ここにあるものを活かす」という方向で主張や内容を練り上げていった。

生徒たちは「豊かさとは何か」について考えることから始めて地元の美山里山舎を発見し、その理念を知り、その理念が世界中から人を惹きつけていることを知った。問題意識を持つことは新たな知識の獲得につながるが、その次に「行動する」という段階があるのだということに気づいたのだった。自分たちの住む地元地域への探究活動の中でそのような気付きを得られたことが、プレゼンテーションを作成するプロセスでの大きな成果であった。

図2-5　チームのプレゼンスライドから

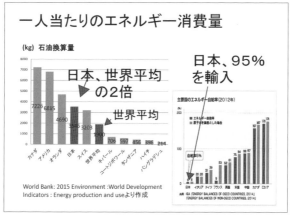

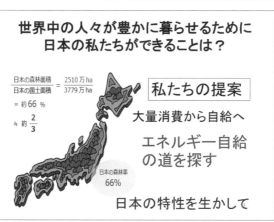

安心して豊かに暮らせる国際社会
にするために

私たちの提案

消費優先から持続可能な生活への転換

それぞれの地域・国の特性を「知る」
そしてそれを「活かす」ことが大切

標準ルーブリックの開発と活用

プロローグ

第3章
実践編 II

大貫 守

生徒の探究の取り組みの質をどのように評価すれば良いのだろうか。理論編で見たように行動観察やポスター、レポートなど行為や成果の質をルーブリックを用いて評価する方法を構想する方が多いかもしれない。実際、先駆的に科学的探究の指導と評価に取り組んでいるスーパーサイエンスハイスクール（SSH）では学校独自のルーブリックを開発し、長期的に生徒の探究力の伸長を継続的に評価し、学習の改善に取り組んだ事例が数多く見られる。

だが、ルーブリックを用いて生徒の探究力に関する伸長（＝質的な転換点）を描く時、生徒の行為の質をどのような観点（＝評価規準）で捉え、どのような質の違い（＝評価基準）を捉えれば良いのだろうか。そして、何についてどのレベルまで到達すれば、社会的に望ましいとされるレベルに生徒が到達していると判断し、生徒への応答責任や、保護者や地域への説明責任を果たすことができるのだろうか。このような問いかけに応えるものとして、第3章で取り上げる標準ルーブリック開発の取り組みがある。標準ルーブリックとは、個々の学校が自校の特色ある教育課程に合わせて評価規準・基準（ルーブリック）を作成する際に、そのルーブリックの質を担保するために用いられるルーブリックのもとになるルーブリックである。

第3章は近畿地区で長年にわたり地域のSSHを牽引してきた8校（石川県立金沢泉丘高等学校、福井県立藤島高等学校、滋賀県立膳所高等学校、京都市立堀川高等学校、大阪府立天王寺高等学校、奈良県立奈良高等学校、兵庫県立神戸高等学校、三重県立津高等学校）が開発した科学的探究・数学的探究に関する力を評価する標準ルーブリックに関する実践をまとめたものである。この標準ルーブリックは、欧米のプロト・ルーブリック（＝ルーブリックの基礎となるルーブリック）の考え方を参考に開発された（プロト・ルー

図3-1　標準ルーブリックと各校のルーブリックの関係

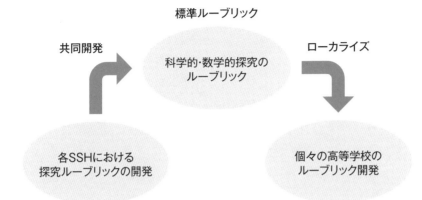

松下佳代「パフォーマンス評価による学習の質の評価——学習評価の構図の分析にもとづいて」『京都大学高等教育研究』第18号、2012年、p.90の図3をもとに筆者作成。

ブリックについては、松下佳代「パフォーマンス評価による学習の質の評価——学習評価の構図の分析にもとづいて」『京都大学高等教育研究』第18号、2012年、pp.75-114参照)。

科学的探究に関する標準ルーブリックでは、各校の教育課程を通して生徒に育まれる探究の手続きの伸びに関する一つの育成指標を提示している。具体的には、生徒の科学的探究に必要な力を評価するルーブリックを各校で作成する上で必要な観点やレベル、指導方略の一例を示している。これを参照して、各校が自校の教育課程や指導の実態に合わせたルーブリックを作成することで、各校が学校裁量の取り組みを踏まえ、独自の観点やレベルを設定する機会も担保しつつも、一定の質を担保したルーブリックを開発できるようになる（図3-1も参照）。

標準ルーブリックは、理念的にはローカライズを前提としている。そのため、標準ルーブリックをもとに各学校で作成されたルーブリックについて、ゼミなどの単位で更にローカライズされるということも想定されうる。この他、評価を構想する上では、軸を豊かにし卓越性と多様性の両面を視野に入

れることも重要である。

　第1節と第2節では、標準ルーブリックの開発に至った経緯を概観する。課題研究に先進的に取り組んできたSSHが直面した課題は、今後、高等学校に探究が普及していく中で、全ての学校が何らかの形で出会う課題となりうる。その際に、本書の成果をそのままの形で活用しようとしてもカリキュラムや指導方法が異なる学校ではその手立てが十分に機能するとは限らない。このように開発の過程を示すことで、本節が自校の問題解決の道標となり、各校に合った手段を考える一助となれば幸いである（詳細については、西岡加名恵・大貫守「スーパーサイエンスハイスクール8校の連携による『標準ルーブリック』開発の試み」『教育方法の探究』第23号、2020年、pp.1-12〔https://doi.org/10.14989/250860〕も参照されたい）。

　第3節から第6節では、科学的探究に関する標準ルーブリックに描かれた「探究的な学習」における生徒の姿や時系列に沿った変化、そして教師の指導の実際について示している。このように指導の具体に着目する背景として、一旦ルーブリックが提示されると、その指標に沿って生徒を品定めするという用途でのみ用いられてしまうことが危惧される。

　確かに、標準ルーブリックは生徒の学力を的確に捉え、一貫した評価を行うための道具でもある。だが、標準ルーブリックの価値はそこだけではない。むしろ、探究の指導に熟練した技師が子どもを捉え、指導において鍵となるポイントを明確化したり、優れた実践を共有したり、実践を改善したりするためのアイデアを得るためのツールとして活用されることも含意している。

　もちろん、このような生徒の姿や指導方略の提示によって、ルーブリックに記述された内容が目的化し、目の前の生徒に向けて行っている、教員や学校の創意工夫に満ちた取り組みが阻害されてしまうことが懸念される。実際このようにルーブリックで生徒の姿が例示されることでそれが実態性を帯び始め、あたかも一つの絶対的な価値であるかのように捉えられてしまうことがある。だが、あくまでこれは子どもの姿や指導の手立てを示した一つの参

考資料であり、聖典ではないことに留意されたい。

　ところで、標準ルーブリックは当初、SSHの課題研究の中でも主に科学領域の指導と評価に焦点化したものとして開発された。だが、SSHの課題研究の実態に即せば、科学に加え、技術・工学・数学といった学問の課題も研究の対象となっていることが多い。この他、近年ではSTEAM教育も推進され、生徒が科学・技術・工学・数学などの学問を横断的に学び深め、これらの領域を統合して探究していくことも期待されている。

　この中で、科学的探究に加え、数学的探究の取り組みの質を評価するためのルーブリックも求められてきた。だが、数学と科学は隣接した領域にありつつも、科学的探究に関するルーブリックがそのまま数学的探究に敷衍できるほど単純なものではない。そのため、数学の課題研究の手続きの質を評価する標準ルーブリックを新たに開発することも喫緊の課題となった。第7節と第8節はこの課題に応え、数学に関する標準ルーブリックの開発とそれにもとづく指導の方策を実践的に提案したものである。数学的探究に関する評価の一助になれば幸いである。

第3章
実践編Ⅱ
──
1

課題研究の「標準ルーブリック」提唱に向けての取り組み

小池 充弘

いきさつ

　探究型学力を育成するプログラムの代表例として、スーパーサイエンスハイスクール（SSH）事業で実施されている生徒の課題研究があげられる。本節では、近畿北陸圏SSH 8校（石川県立金沢泉丘高等学校、福井県立藤島高等学校、滋賀県立膳所高等学校、京都市立堀川高等学校、大阪府立天王寺高等学校、奈良県立奈良高等学校、兵庫県立神戸高等学校、三重県立津高等学校）が共同して取り組んだ、課題研究の評価手法に関する共同開発の経緯（「探究型学力　高大接続研究会」の取り組み）について紹介したい。

　これは、近畿北陸圏で長年、SSHの指定を受けてきた8校の教育研究に大学教員が深く関わり、高校─大学と一貫した学力保障・人材育成の観点で評価研究を行ったものである。今回の共同研究に参加した8校はいわゆる進学校と位置づけられ、大学入試に向けて先進的な教育活動が推進されている。今回の取り組みでは、大学進学後も伸びる生徒育成の視点から高校での教育活動を改善することがめざされた。

　SSHは、先進的な理数系教育を行い、理数系人材育成のためのカリキュラム開発研究が使命となっている。カリキュラム開発の成果の一つとして、全国の指定校が一堂に会する生徒課題研究発表会がある。この他にも高度で先進的な理数系教育のための教育課程の研究と授業改善、実験教材の開発、高大接続等の研究などが取り組まれている。

SSH開始当時は、国際比較調査PISAの結果が注目され、活用型学力の育成が叫ばれるようになった頃であり、SSH生徒課題研究の教育効果も高く評価されはじめた。課題研究の黎明期には、育成する能力は「課題解決能力」とされた。実施にあたっては、①教員から校内で実施可能なテーマが提示され生徒が選択する学校、②連携大学の研究室の研究の一部を高校生が取り組む学校、③ポスターが壁新聞のような学校等――各校が課題研究の実施方法を模索している状態であった。

　SSH事業の方向性を明確化する上で、有意義な示唆を与えてくださったのが、外部有識者である。事業実施に際しては、外部有識者による会議が必須である。SSH企画評価会議協力者は、全国のSSH校に対して事業評価を行うとともにSSHの方向性を示している。運営指導委員会は各校単位に設置される連携大学の教員を中心に構成され、そこでは各校の事業について助言がなされる。これらの組織によりSSH事業に大学や産業界からの人材育成の観点が示され、事業の透明性が保たれている。

　SSH企画評価会議協力者からは、「研究テーマは生徒の好奇心を育て自ら選択させる」「英語発表の取り組みが求められる」「ポスター発表・口頭発表など多様な発表形式を取り入れる」「課題研究に取り組むために、指定校は全校的な取り組みになるような組織改革を行う」等、指定校全体に対して取り組むべき方向性が示され、今日のような教育効果の高い課題研究が構築された。筆者が当時勤務していた滋賀県立膳所高等学校の運営指導委員の大学教員からも「大学で評価されるのは自ら研究テーマを提案できる人材であり、高等学校の段階からそこに主眼に置くべきである」との意見を得ていた。さらに、フィンランドでのPISA型学力の育成を訪問調査した際には、フィンランドの中等教育学校の課題研究担当教員と「生徒が伸びるのは研究テーマを設定している時」という意見の一致をみた（『平成24年度教育課題研修指導者海外派遣プログラム研修成果報告書』2018年）。そこで膳所高校の課題研究では、伸ばすべき生徒の能力を「テーマ設定能力」「課題解決能力」「プレゼンテーション・ディスカッション能力」の三つに明確化して、

実践的に取り組むこととなった。くしくも、京都市立堀川高等学校においても、生徒自らが課題・テーマの設定を行う能力の育成に重点を置く取り組みが指定当初より行われていた。

　課題研究の実施手法が明確になってくると、課題研究で培われた学力をどのように評価するかが大きな課題として上がった。幸いなことに当時の膳所高校SSH運営指導委員に京都大学大学院教育学研究科で教育評価を専門とする田中耕治教授がおられ、「課題研究のような探究型学力育成プログラムはパフォーマンス評価が極めて有効である」との意見をいただき、校内でパフォーマンス評価の講習会を実施した。

評価研究が学校を超えて

　2013年には、膳所高校がSSH人材育成研究協議会の座長校を引き受け「世界にはばたく人材育成のためのSSHプログラム」として、課題研究の有効性と解決すべき課題を協議し、全国のSSH校に発信した。この時、本書編者の西岡加名恵氏の講演を実施し、参加校からも課題研究の評価としてルーブリックに基づくパフォーマンス評価が極めて有効であるとの共通認識を得た。この研究協議会で評価研究が一気に進むこととなった。

　2014年度には、SSH事業実施に関わる課題解決のための研究協議会として、「8校会議」が発足した。この際、近畿北陸圏の同じような立場にある学校で、その県内における理数教育で発信力のある学校をメンバーとすることをめざした。

　年度ごとに持ち回りで会場校となり、午前には会場校の全授業を自由に視察見学できる時間を設けた。生徒とやりとりのある授業、生徒が能動的に学習に参加する授業の展開が、8校に共通していた。課題研究を実施するためには日々の授業形態も大きく関わっていることを再認識し、課題研究で伸ばす学力についての協議が進んだ。

評価研究の成果を発信

　2016年あたりから国公立大学の入試改革が進められ、AO入試等で課題研究の成果を科学コンテスト受賞歴と並列で評価する大学が出てきた。これにより、生徒の課題研究の成果を結果（例えば論文）のみで見る傾向が強まるのではないかと危惧された。結果重視が危惧される理由として、①教員の過剰な働きかけによる公平性の喪失（生徒主体ではなく、ほぼ教員が作成した論文が出てくるのではないか）、②結果が出やすい研究や仮説の立てやすいテーマが選ばれるのではないか、③偶然性の結果について不公平が生じるのではないか——といった点があげられる。従来のSSH事業で構築してきた生徒の自主性・知的好奇心に基づく課題研究の取り組みを見直すことになりかねない。高校で行う課題研究は結果の質よりも学習の過程を重視することが大切であると考えられる。

　こうして課題研究で培った学力について根拠を持って評価していることを、高校側から提示する必要性を強く感じるようになった。そこで、8校会議の中で「探究型学力　高大接続研究会」の発足が認められ、堀川高校と膳所高校が幹事校となり、西岡教授をシニアアドバイザー、大貫守講師（愛知県立大学）をアドバイザーとして開催することとなった。

　2カ年にわたり複数回実施された研究会（詳細は西岡加名恵・大貫守「スーパーサイエンスハイスクール8校の連携による『標準ルーブリック』開発の試み」『教育方法の探究』第23号、2020年、pp.1-12）は事前に教員が取り組むべき課題が示され、参加者はその事前準備で問題意識を共通化するとともに、その問題を具体的に解決する意識で会議に臨めた。3回の開催日には、事前課題に関連した教育評価の講演会が大学教員より提供され、ワークショップ形式での討議が行われた。8校の生徒実験ノートやポートフォリオ、発表要旨、論文などの作成物を持ち寄り、課題研究で身につける学力は、どの場面で見られるどのような能力か、その学力をどのように評価するか、その徴候はどう表現できるか、どういう働きかけで生徒は次のレベ

ルへ向上したかといった点について、検証することによって、各校から持ち寄られたルーブリックの確認と整理を行った。

　第1回でのグループワークを通じて8校の評価の観点が一致し、ルーブリックの標準化ができるのではないかとの結論に至った。そこで、第2回には、生徒作品を持ち寄って「標準ルーブリック」の案を作成した。第3回には、8校の教員が研究分野ごとにグループワークを行い、「標準ルーブリック」を用いて実際の生徒たちの作品等を踏まえつつ評価を行った。当日初めて会う他校の教員と評価の検証を行った結果、ほぼ同等の評価が行われ、その有効性が確認された。

「標準ルーブリック」の課題

　ただし、現在、開発されている「標準ルーブリック」（詳細は本章第3節〜第7節参照）については、いくつか確認しておくべき課題も残されている。

① 現状の課題研究は仮説演繹法にこだわったものが多い。野外観察を重視したものに適用可能か、数学に必ず仮説が必要かといった点については検討中である。

② 新規性・社会への応用が必ず重視されなくてもよいのではないか、先輩から引き継いだ継続研究も大切であろう、といった声がある。これはapplied scienceとbasic scienceの違いを尊重することにつながる。

③ そもそも数学の課題研究でどのような能力を育てるのがよいか。

　これらの問題点については、今も議論が継続している。しかし、課題研究で培われる学力の評価基準が明確でないと、カリキュラムとしては成立しない。今まで20年近く実施されてきたSSH課題研究から見えてきたものをいったん、「標準ルーブリック（案）」としてまとめた成果は大きいと考える。その成果発表のため8校共同で「探究型学力　高大接続シンポジウム」（2019年7月28日　於：京都市立堀川高等学校）を開催した。

課題研究の評価に妥当性と信頼性が担保できると、生徒も的確に自分の研究の到達点と課題を把握し、意欲を持って一層発展させることができる。論文作成まで進めば、生徒には大きな成功体験による自己肯定感が育まれる（膳所高校において数年にわたり全校調査を行った結果、グアム大学で行う課題研究の英語発表は学園祭とならぶ最上位の自己肯定感を醸成する行事であった〈京都大学大学院教育学研究科の楠見孝教授による「平成22年度滋賀県立膳所高等学校　生徒の批判的思考態度と学習状況に関する調査」2011年1月〉）。教員への効果として、課題研究の目標が明確になり、プログラムが理解しやすい。課題研究の指導に継続性が確保できる。今回の手法を活用し、各教科のルーブリックづくりに発展させることで授業改善を図ることも期待される。各校では、課題研究以外の授業も生徒主体の姿勢を尊重している点が共通であった。

　大学教員と共同で教育研究を進めることに成功した要因としては、同じ目標（大学でも伸びる生徒の育成）で8校が評価研究を行ったことだろう。また、アドバイザーを引き受けてくださった大学教員からは、グループワークのために適切な課題を指定いただくとともに、高校教員間で議論を活性化するようなファシリテーションを提供いただいた。

　一連の評価研究は教員の教育における課題研究であるように感じられた。

　次節では、さらに研究者としてかかわった西岡教授の視点から、「標準ルーブリック」開発の経緯をご紹介いただく。また、第3節以下では、科学的探究・数学的探究のルーブリックの背景にある考え方を紹介するとともに、実際に開発されたルーブリックを提案し、具体的に生徒活動を紹介しながら検証を進めていく。

第3章
実践編Ⅱ
—
2

「標準ルーブリック」開発
の経緯

西岡 加名恵

「探究型学力　高大接続研究会」の始動

　本章では、近畿・北陸のSSH8校の連携による「探究型学力　高大接続研究会」が開発した「標準ルーブリック」について紹介している。ここでは、「標準ルーブリック」が開発されたプロセスについて解説しよう。

　研究会が活動を開始したのは、2017年度のことである。春に西岡研究室を訪ねてくださった8校を代表する先生方より、SSH8校で高等学校における理数系の課題研究の評価について統一的な枠組みを構築し、より良い高大接続のあり方に対して提案を行いたいので、アドバイザーとしてかかわってほしいとのご要望をいただいた。

　評価に関して統一的な枠組みを示したいと考えられた背景には、①長年取り組んできた課題研究の指導に関する知見を他校に提案したい、②現在進行中の入試改革に対し、高等学校側から問題提起をしたい、という二つのご希望があった。その要望を受けて、西岡がシニアアドバイザー、大貫守氏がアドバイザーを引き受けることとなり、研究会の進め方や内容について継続的に提案することとなった。西岡は大貫氏とともに、8校の研究紀要などを参照し、どのようなカリキュラムが提供されているか、どのような評価基準が開発されているかについて分析を進め、第1回の研究会に備えた。

第1回研究会：「標準ルーブリック(試案)」の作成

　第1回の研究会(2017年8月14日、於　京都大学教育学部)では、まず「標準ルーブリック」のような一種のスタンダード(社会的に共通理解された目標・評価基準)の意義と危惧について、西岡より解説した。スタンダードには、教育実践の指針となる、評価の妥当性(カリキュラム適合性)・信頼性(比較可能性)が高まる、生徒や保護者に対して説明責任を果たしやすくなる、進学先に対して学校の取り組みを説明しやすくなるといった意義がある。しかしその半面、スタンダードづくりの主体やシステム、ならびにスタンダードそのものの枠組みの在り方は、まだ十分に解明されていないこと、スタンダードが目的化すれば、かえって教育の質を悪化させたり多様性への配慮が欠ける事態が生じたりする懸念もあるため注意が必要である。

　続いて、8校における課題研究のカリキュラムについて、類似点と相違点を確認した。「標準ルーブリック」を開発する上では、目標とカリキュラムの共通性が前提となる。8校のカリキュラムを比較すると、グループで探究を行っているか個人で探究を行っているかといった違いは見られたものの、生徒自身の課題設定が重視されている点、「探究的な学習」の基礎を習得させたうえで約1年間の探究に取り組ませている点(これは、科学的な探究に必要となる実験室を集中的に利用できるのが1学年に限られるためである)、発表会で終わらせずに論文をまとめる活動まで行っている点で、類似していることが確認された。

　午後は、グループに分かれて科学的探究に関するルーブリックづくりのワークを行った。この時は、各学校が既に作成していたルーブリックを踏まえて五つの観点を設定し、各校の先生方が指導されてきた経験を踏まえ、その観点に対応する良さ(目指すべき方向性、年間を通した生徒たちの変化)について意見を交わしつつ、各校のルーブリックの記述語も参考にして、グループごとに、一つの観点に対応する記述語の草案を作成した。

　2017年度末には、各グループが作成した記述語を踏まえて、一つの「標

準ルーブリック（試案）」をまとめた（SSH連絡会『SSH先進8校による「探究型学力 高大接続研究会」での取組——課題研究で育成したい能力とその評価方法の標準化を目指して（報告）』2018年3月）。

第2回研究会：生徒たちの論文を用いたルーブリックづくり

　第2回研究会（2018年8月20日、於　京都市立堀川高等学校）では、生徒たちの論文を持ち寄り、分野別のグループに分かれて、作品に基づくルーブリックづくりに取り組んだ。午前中は各自が黙々と論文を読み、付箋紙に評点（レベル1〜5）を書いて論文の裏面に貼り付けた。午後は付箋紙を表に貼り直し、それぞれのレベルに該当する作品を検討するとともに、記述語に記載すべき内容を議論した（図3-2）。さらに、2017年度末にまとめてあった「標準ルーブリック（試案）」の修正すべき箇所を明確にし、全体で交流した。これにより、生徒の実態に即して、「標準ルーブリック」について再検討することができた。

　なお、ルーブリックづくりの方法を経験した数学担当の先生方は、2018年12月末に別途、数学担当者で集まる会を設け、数学的な探究を評価するためのルーブリックづくりに取り組まれることとなった。こうして「数学的探究に関する標準ルーブリック」も開発された（本章第7・8節参照）。

図3-2　第2回研究会の様子

第3回研究会：生徒の事例検討による指導方略の検討

さらに、第3回研究会（2019年3月21日、於 京都市立堀川高等学校）では、先生方に、実際に指導された生徒の事例を持ち寄っていただき、図3-3に示したワークシートに記入する形で、それぞれのレベルに該当する生徒の姿（つまずき）の例や、レベルアッ

図3-3　第3回研究会で用いたワークシート

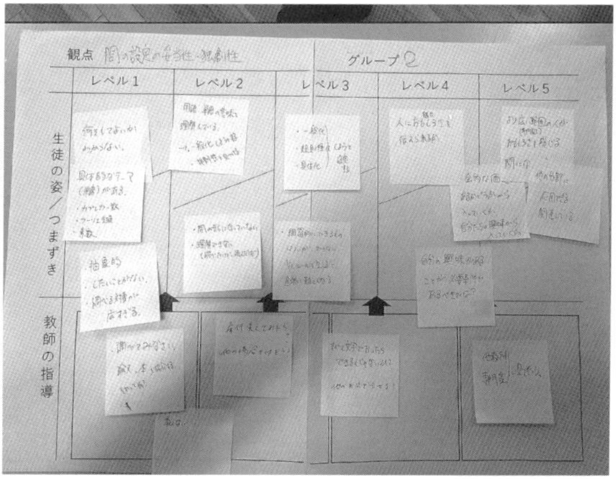

プを図るための教師の指導の在り方について、交流していただいた。生徒たちの実験ノートや論文など具体的な資料を用いつつ議論を深めることで、それぞれのレベルが意味する内容がより具体的に共通理解されるとともに、教師の指導の工夫についての知見も共有された。

高大接続シンポジウムの開催

こうして開発された「科学的探究に関する標準ルーブリックと指導方略」と「数学的探究に関する標準ルーブリック」を発信するため、2019年7月28日に、「探究型学力　高大接続シンポジウム」（於　京都市立堀川高等学校）が開催された。本シンポジウムは、高校の教員を対象とする第1部「探究型学習の指導と評価」、ならびに大学教員との対話を含む第2部「探究型学力育成のための高大接続」から構成された。これは、研究会発足当初にあった二つの希望に対応する構成であった。

第1部では、参加者に、生徒たちの論文を踏まえたルーブリックづくりの

グループワークを体験していただいた後で、研究会が作成した「標準ルーブリック」を配付した。これは、ルーブリックはあくまで生徒たちの実態に基づいて作成されるべきものであることを伝えたかったためである。

第2部では、昨今の大学入試改革に関する高校側の問題意識が紹介された。課題研究など「探究的な学習」の成果については、外部評価の成果や生徒が行った研究成果物によって評価される傾向が見られるが、こういった「成果」は題材や運などでうまくいったに過ぎない可能性もある。そこで、より妥当な評価を実現するためには、学校の教員による評価をある程度、標準化しつつ、大学に発信する必要があることが提案された。

「標準ルーブリック」の意義と留意点

関西・北陸のSSH8校の先生方が共同で開発された「科学的探究に関する標準ルーブリック」（本章第3節）と「数学的探究に関する標準ルーブリック」（本章第7節）は、課題研究を通して生徒たちにどのような力を身につけさせようとしているのか、そのためにどのような指導の方策が考えられるのかについて、お互いの知見を共有した点で、大きな意義のあるものと言えるだろう。「探究的な学習」の指導経験が少ない先生方に見通しを示す助けになる効果が期待されるし、生徒への指導に直接的に活かされる場面もありうると考えられる。

一方で、読者の皆さまには、改めていくつかの留意点を伝えておきたい。

第一に、学校を超えてこのような「ルーブリック」が共同研究開発できたのは、8校が極めて類似した目標とカリキュラムを設定していたからである。8校では、科学や数学の領域において、生徒自身が興味を持つ課題を設定し、探究を深めていくことが目指されている。つまり、ある程度、教科の枠組みを前提とした「探究的な学習」であるため、ルーブリックとの親和性が高かった。また、生徒たちは探究を進める上での基礎を習得する学習を行った上で、1年間の探究に取り組んでいる。こうした前提となる目標やカ

リキュラムが同じではないのに、「標準ルーブリック」を機械的に適用し、生徒を当てはめる発想になってはならない。各校の目標とカリキュラムに合った評価基準こそが求められるのである。

　第二に、ルーブリックをつくり、練り直すプロセスにこそ意義がある、という点を強調しておきたい。「探究的な学習」についての評価に関する知見を共有するためには、「標準ルーブリック」開発の際に取り組まれたのと同様に、まずは生徒たちが生み出したレポートやポスターなどの作品を持ち寄り、「素晴らしい」「合格ライン」「さらに改善が必要」といったレベル別に分類する作業をした上で、どういう点が「素晴らしい」のか、「合格」の中身は何か、「どのように改善が必要なのか」について話し合ってみていただきたい。さらに、指導をどのように改善すればよいか、アイデアを共有していただきたい。ルーブリックによる評価が目的ではなく、「生徒たちの成長」こそが目的である。先生方の知見が深まるにつれ、時には目標設定も問い直され、ルーブリック自体も練り直されていく。

　第三に、「探究的な学習」の評価に、必ずしもルーブリックは必須ではないことを確認しておきたい。SSH 8校での課題研究は、指導要録において「評定」の記入が求められることから、生徒や保護者への説明責任の観点から、評価基準の明示が求められていた。しかし、「総合的な探究の時間」の場合、本来は、生徒自身の関心に応じて自由に課題を設定し、探究する力を身につけさせたいところである（指導要録においても自由記述で評価が記載できる）。個々の生徒がどのような問題意識をもっているのかについては、ポートフォリオに蓄積された資料を振り返り、教師が問いかけ、ともに可能性を探らないとわからないことも少なくない。「探究的な学習」の評価で最も重要なのは、第1章第1節で紹介したような「検討会」（対話）の場面であり、本書の実践報告で繰り返し示されているように、先生方の臨機応変な指導なのである。

第3章
実践編Ⅱ
—

3

科学的探究に関する標準ルーブリック

飯澤 功

　生徒の探究活動をどのように評価するか、ということは、探究活動や課題研究の授業を実施している学校にとって切実な問題である。ここでの評価とは、探究活動の成果に対してのみ行うものでなく、探究活動を進めている生徒の現状を把握し、つまずきのポイントや、それを乗り越えるための適切な指導方針を立てるために行うものも含んでいる。指導改善につながるような評価の方法は、探究活動の指導経験が少ない教員にとっての助けになるとともに、生徒自身に目指すべき状態を認識させたり、自分自身で探究を進める際に留意すべき点を把握したりする上で効果的であろう。

　今回は、近畿北陸圏のスーパーサイエンスハイスクール（SSH）8校（p.148参照）が共同で開発している、科学的な探究活動を評価し、指導に役立てるための標準ルーブリックを紹介する※。

評価の観点と基準

　まず、作成したルーブリック（資料3-1参照）の概要を説明する。このルーブリックでは、生徒が探究活動を進めるプロセスについて、左から順に「研究の意義づけ」「課題の具体化」「調査計画の立案と実施」「情報収集と情報の評価」「結果からの考察」という五つの観点が設定されている（「研究の意義づけ」「課題の具体化」は、まとめて「課題の設定」としている）。これらの観点は、8校の指導事例、それぞれの課題研究の授業での評価の観点、

そして高等学校における探究活動で身に付けさせたい力を基にしながら設定した。

この観点ごとに、生徒の活動や論文などの材料を基に5段階のレベルで評価する。評価のための材料としては、生徒が最終的に論文だけでなく、日々の活動の様子、教員や生徒同士での議論、研究計画、毎回の活動の振り返りなどを想定している。

指導に役立つルーブリックとして

評価するだけでなく指導の改善に役立つようにするため、徴候（具体的な姿の例）の記載についての工夫をするとともに、レベルを上げるための指導例を記載した。レベルを分類するための徴候は、そのレベルで期待されるようなことを○印で、そのレベルでは満たされないようなことを△印で示した。△印で示された徴候の多くは「〜していない」「〜できない」などの否定形で表現されている。よって、次のレベルに引き上げるために生徒を「〜している」「〜できる」などの状態にすることが指導の方向性として参考にできる。そこで、レベルを引き上げるために必要な指導や生徒への声のかけ方の例を指導方略として記載した。例えば、生徒が探究活動を進める中で、漠然と課題設定が進んでいないという状態のときには、生徒の様子や発言、ワークシートなどから徴候を見取り、その上のレベルに引き上げるための指導方略を参考にすることができる。このルーブリックは、生徒の探究活動の成果やまとめに対して評価をするときだけでなく、生徒が探究活動を進める際にも用いることで、指導方針の参考にしたり、指導の改善に役立てる。

探究は一本道ではない

このルーブリックの評価の観点は、一見すると探究のプロセスに沿って左から順に示すように思われるが、実際に生徒が探究活動を進める際には、こ

資料3-1　科学的探究に関する標準ルーブリックと指導方略

観点（上段）→／「本質的な問い」（下段）→／基準（上段）・徴候（下段）↓	課題の設定	
	研究の意義づけ 研究の意義とはなにか？	課題の具体化 よい研究課題とはなにか？
	子どもたちの到達点を判断する主な評価資料：実験ノート（振り返りノート）・ポートフォリオ・検討会でのやりとり・行動	
5 基準 課題研究の質が特別優れているレベル	自分の研究課題の学術的価値や社会的価値、既存の前提を問う問いを設定している	妥当な評価が可能な目標や、環境的な制約の中で実行可能で検証可能な問いや仮説を立てている
徴候 一連の探究の手続きを理解し、省察をしながら次の段階を視野に入れて探究活動を行っている	○自分の研究課題が社会や学問の進展に寄与するものであることを口頭または文章において説明できる ○研究課題に関連する先行研究との違いが明確にされている	○取りうる手段を踏まえ、実際に評価可能な目標や検証可能な仮説が立てられている ○身近な物・実験材料などに注目し、検証可能な課題を設定した ○先行研究がある場合、それらと比較できるような課題が設定できている
指導方略	・「大きな目標のうち、今回の研究ではどこまでできたの？」と問う	・検証方法について、身近なものを使うように助言する
4 基準 課題研究の質が十分に満足できるレベル	自分の研究課題の学術的・社会的価値に触れて問いの意義を説明している	評価が可能な目標や検証可能な問いや仮説を立てている
徴候 探究の手続きや一連の流れを理解しつつ、自分の活動を評価しながら探究活動を行っている	○研究課題に関連する先行研究が紹介されている ○自分の研究課題が社会や学問においてどのような位置づけにあるか当該分野の話題を取り上げている △最終目標と、実現可能な実験をどのようにてらし合わせるべきか悩んでいる	○目標や仮説を、曖昧な言葉や単語を用いずに表現できている ○必要な定義がなされている ○厳密な仮説を立てている ○評価可能な目標か、検証可能な仮説を立てている ○数多くの実験をした上でそれを踏まえた仮説を立てている △環境的な制約等を念頭に問いや仮説を設定することはできない
指導方略	・先行研究を意識して、自分たちの研究の意義を説明させる ・対象の性質から連想されることのなかで、社会的に価値がありそうなことを見つけさせる	・操作上の定義について問う ・身近なもので検証可能なものを調べさせる
3 基準 課題研究の質が満足できるレベル	他者に自分の研究課題の意義を説明できる	研究の目標を踏まえて、問いや仮説を設定できている
徴候 個々の探究の手続きを理解して探究活動を行っている	○どのような社会的課題・学術的課題を解決しようとする研究であるかということが表現されている ○自分自身の研究内容を表現している ○社会的課題を解決しようとしている △考察の方向と研究課題の方向が一致していない △個々の課題をこなすことに終止している	○曖昧な語を含んでいるものの、研究を通じて明らかにしたいことを目標や仮説といった形で表現できている ○仮説は立てている △検証可能な仮説や問いではない
指導方略	・思いつくパラメータを挙げさせ、どこに注目すべきかを考えさせる ・実験の制御方法などを考えさせる ・人のやっていないことを探させる	・対象について知識を得させる ・高校で検証できること（インフラ、安全面）を考えみさせる ・先行研究を調べてみて人のやっていないところを探すように指示する
2 基準 課題研究の質がやや改善を要するレベル	自分の研究に漠然とした意義づけができている	問いを立てることができている
徴候 個々の探究の手続きを意識して探究活動を行っている	○自分の興味や関心に基づいた問いを立てられている ○防災や環境問題といった、問題意識から課題を設定しようとしている △問いから探究すべき方向が導かれない	○自分自身の疑問や、知りたいことを表現できている ○対象に関して、自分自身で問いを立て、目的を定められている △抽象的な問いを持てたが、どうアプローチしてよいかわからないほど曖昧な問いである △問いが曖昧で具体的に何をしたらいいのかまで絞り切れない
指導方略	・生徒を見守る（待つ） ・生徒同士を話し合わせることで共通の興味を引き出す ・研究者の話を聞かせる	・趣味や部活動の話を聞く ・子どもの頃の疑問を聞く ・どんな疑問でもいいのでできるだけ多く書き出させる
1 基準 課題研究の質が大幅な改善を要するレベル	自分自身で研究の意義を見出せない	問いを出せない
徴候 探究の手続きがわからず、探究を進められない	○自分自身の研究が、自分自身の興味と離れている △研究分野は決まったが自分自身が問題意識をもっていない	○自分自身の疑問や知りたいことが何なのかが表現されていない △何を対象として良いかわからない

SSH連絡会主催「探究型学力高大接続シンポジウム」（2019年7月28日）

調査計画の立案と実施	情報収集と情報の評価	結果からの考察
よい調査計画とはなにか?	情報をどう解釈できるだろうか?	どうすれば妥当な考察ができるだろうか?

観察・論文・ポスター 等

調査計画の立案と実施	情報収集と情報の評価	結果からの考察
実践から教訓を引き出し、必要な情報や手続きを身につけて、次の計画に活かせる	**情報（実験・観測データ等）を目的に応じて適切に評価をした上で、考察に向けた示唆を与える形で解釈している**	**得られた結論から、より発展的な課題を見いだし、次の探究のプロセスが見据えられている**
○現状で知識・技術不足があったときに、自ら情報を収集し、習得しようとする ○実施の都度、自分で振り返りをし、目的に応じて、計画を修正する	○データを緻密に分析し次の研究への発展または大きな発見の結論に至っている ○実験の失敗などから修正点を見いだし実験をデザインし直す ○別アプローチで得られた考察の妥当性を確かめようとしている	○自分が進めてきた探究の手法や考え方を振り返り、発展的な新たな課題を見いだしたり、その解決にむけたアプローチを考案したりしている
		・多面的に考察し、発展的な課題に対する研究プロセスを考えるよう促す
先行研究等を踏まえ、妥当性のある方法を多角的に判断し、計画に取り入れている	**情報（実験・観測データ等）を先行研究や既存の前提（概念枠組み・パラダイム等）を用いて合理的に解釈している**	**論理的な考察ができており、得られた結論の妥当性の評価がなされている**
○先行研究や既存の理論を参考にしつつ、調査方法の妥当性を評価しつつ、選択できている ○課題解決に必要な条件・精度・具体性を意識した計画が立てられる ○既存の複数の方法を評価し、自分の研究に合った方法を選択する ○既に得られている各種データと、自らの予想に整合性があることを確認している △考察等をふまえて、発展的な研究に至るプロセスを提案することができない	○データの提示と解釈が正確に行われている ○有効数字、測定・系統誤差の評価・再現性の検討ができている ○自分が選択した方法や測定法の精度を意識している △実験と理論式が結びついていない △[理論式への] 代入に終始している	○先行研究や既存の理論との比較の結果、進めてきた探究を振り返り、評価（仮説の採択、棄却や方法の不備等）し、次の課題を見出している ○考察から新たな問題を解決するための気づきがなされている △課題は見つけられているが、発展的な研究のプロセスまでは考えられない
・予想通りなら、どういうことが起こるか、それを確認するには、何を数えたり、観察したりすればいいか問う	・先行研究や別領域（周辺領域）での論文との整合性を求めるように指導する	・「考えうる原因は?本当に差があるといえるのか?」と問いかけ、先行研究の解釈について討論させる
目的を明確にした計画を立て、見通しをもった計画となっている	**情報（実験・観測データ等）を目的に合わせてまとめている**	**論理的な考察がされている**
○使用できる材料・機器・締め切りなどを考慮できる ○具体的な手法が記載できる ○実験系の作り方を検討している ○目的にあった装置を作る必要性に気づいている △どうすれば正確な検証ができるかよくわかっていない △立式・パラメータ等の意味を実際の操作に結びつけて捉えていない △何をもって期待した結果が得られたと評価できるのかがわからない	○実験・観測の条件などによってデータの整理ができている ○データから、一定の合理的考察に結びつけている ○研究における定義について考えはじめた ○データの見かたから、どこに着目すべきかを見つけている ○実験方法の記録をとっている ○再現性よく、比較的バラツキのおさえられたデータを得ている △グラフ化できても解釈に困る	○結果から事実に基づく論理的思考ができている（正しい結果か間違った結果かは問わない） ○データをしっかりとまとめられた △対照実験で差が出た原因の特定をすることができない △先行研究の実験内容との比較に悩んでいる
・実際に行うことを想定して実験計画を考えさせる	・自分で条件を決めてデータをとろうと指示する ・他の条件をそろえるように指導（例：写真とって、同じ実験装置を再現するなど）する ・実験の再現性とデータのバラツキの低減が必要と指摘する	・自分のデータの解釈について討論をさせた
作業としての計画が立てられ、実施している	**入手した情報（実験・観測データ等）を示している**	**論理的な考察が不十分である**
○調査の手順を明確にしている ○研究手法と手続きを示している ○実施しやすい条件での実験・シミュレーションができる ○着目するパラメータを決める △着目するパラメータ以外が制御できていない △やりたいことはあるが、先行き不透明な状況	○記録にとどまり、合理的なまとめができていない ○複数のデータを得ている ○データができるようになった △サンプリングの条件が揃っていない △データの「特徴とは何か」でもめることがある △信用性のあるデータを得ている	○結果について考察しているが、多面的でない ○根拠が不十分である ○結果から読みとれていない飛躍した考察がなされている △解釈されたデータを考察でどう扱うのか分からない
・実験内容を口頭で説明させ、教員が不明瞭な点を質問する ・「先行研究を調べてみよう。それを読み進めるために必要な知識も調べよう」と声かけする ・まずはやってみさせる	・みんな同じ特徴をもっているのか問いかける ・実験道具の使用方法レベルからの指導（テスターのつなぎ方等）	・なぜ上手くいったのか問いかける
抽象的な計画にとどまり、実施が困難である	**入手した情報（実験・観測データ等）をまとめていない**	**論理的な考察ができていない**
○実際の行動手順が見えない抽象的な語を多く含む計画を立てている ○すでに知っている手法を利用して計画を立てている ○最低限の道具を用意し、実験にとりかかる ○行動手順が見えていない	○定量的なデータを得られるにもかかわらず、定性的なデータしか示せていない △サンプルを1つしかとらない △特徴をぬきだし、一般化できない △実験操作の基礎的な手法を理解していない	○結果と考察が分離できず、結果のみとなる ○予想通りの結果が得られていない場合に、「失敗した」で終わる △試しをやってみた（予備実験）上手くいったものの、それで満足する

のプロセスを一方向になぞるわけではない。むしろ、課題が設定できたと思った生徒が、実験計画を立てて実験を始めようとしたが、具体的にどのような結果が得られれば課題が解決されたといえるのかが認識できていないことに気づき、改めて課題を具体化する必要に迫られるといったことや、実験の結果は得られたものの実験仮説を検証できるほどの精度がないことがわかり改めて実験計画を練りなおすといったことはよく生じる。

　このように生徒の探究活動は、このルーブリックの評価の観点を行きつ戻りつしながら進んでいくことが通常だ。8校でこのルーブリックを作成するために生徒の研究事例を共有した際には、生徒の探究活動がより深まっていくこと多いことが確認された。例えば8校のどの学校でも特に指導が困難であると認識している「課題の具体化」の指導の際、仮に具体化されていない課題であっても、ひとまず研究計画を立てさせたり、実験させたりしてみて、うまくいかなかったときに生徒自身に「課題の具体化が必要だ」ということに気づかせることができる。このように、ある観点において低いレベルの徴候が見られたときに、指導方略などを参考にその観点におけるレベルのみを引き上げようとすることだけでなく、ひとまず次の段階にプロセスを進めさせたり、その前の段階で検討したことを改めて考えさせたりするという指導をする。

　次節以降では、このルーブリックを用いた探究活動の指導の事例について、記載されている指導方略に関連して具体的にどのような指導を行ったか、また、探究のプロセスを進めさせたり戻らせたりしたか、といったことを中心に報告する。

※なお、京都市立堀川高等学校では2022年度より新しい教育課程が実施されており、現在の探究活動はここで記載の探究活動の流れとは異なっていることにご注意いただきたい。

〈参考サイト〉————————————————————————————

・SSH連絡会主催「探究型学力高大接続シンポジウム」（2019年7月28日、https://sites.google.com/view/sshsympo/）。

科学的探究における生徒の成長
—観点「課題の設定」の評価

飯澤 功

　前節では、近畿北陸圏のスーパーサイエンスハイスクール（SSH）8校（p.148参照）が共同で開発している、科学的な探究活動を評価し、指導に役立てるための標準ルーブリックを紹介した。本章で紹介する標準ルーブリックは生徒を評価するだけでなく指導に役立てることができるよう、徴候（具体的な姿の例）の記載について工夫がされており、また、レベルを引き上げるための指導方略も併せて記載されている。今回は、著者の勤務する堀川高校において、2017年度に消臭剤の効果について探究した生徒の事例を、このルーブリックを用いてどのように評価し、指導に生かせるかという点と、ルーブリックには直接記載されていない探究の指導の留意点を紹介していく。

堀川高校での探究のながれ

　堀川高校では、「探究基礎」という探究活動の進め方を学ぶ授業が週2時間、1年次から2年次の前期まで設置されている。1年次後期の半年では、複数の少人数講座（本校ではゼミと呼んでいる）から生徒が自分の興味のある分野を選択し、分野固有の探究の手法を学ぶ。これらの準備を経て、2年次前期には同じゼミにおいて、生徒個人が課題を設定し探究を進め、9月末に論文にまとめる。

　2年次の探究活動にむけて1年次の1月〜2月にその時点で探究していき

たいことや、その時点での研究を立てさせる「課題設定トライアル」というワークシートを提出させる。このワークシートでは、①何について、何を明らかにしたいのか、②①のために、どのような実験を行い、何を計測するのか、そして得られたデータをどのようなグラフとして表すのか、といった内容を記載する。

探究準備段階

　今回、紹介する生徒は2016年度１年次に生物化学ゼミに所属していた。この生徒は「弟の靴が非常に臭く、消臭剤でもその臭いが消えない」という個人的な問題意識から、臭いの原因と対策を明らかにする、という探究をしたいと考えていた。まずは、この生徒の「課題設定トライアル」の記載に、どのような評価を行い、その結果どのような指導をしたかを述べる。

　「何について、何を明らかにしたいのか」に対しては「まず、消臭について、消臭の科学的や物理的感覚的などの効果を確認し、弟の靴のにおいの原因や強さを明らかにする」と記載していた。「どのような実験を行い、何を計測するのか、そして得られたデータをどのようなグラフとして表すのか」という項目については、消臭効果があると考えられたり、消臭効果があるとされたりしているものを４種類用意し、それらを作用させない場合と、それらを作用させた場合で、靴の臭気の変化を測定する、といった内容を記載していた。

いつ、どの観点を評価するか？

　では、この段階における標準ルーブリックでの「課題の設定」に関する評価の観点「研究の意義づけ」「課題の具体化」についてのそれぞれのレベルについて基準と徴候をもとに見取ってみよう。標準ルーブリックの「研究の意義づけ」のレベル２には「自分の興味や関心に基づいた問いを立てられて

いる」、レベル3には「自分自身の研究内容を表現している」という徴候がある。この生徒はそもそも自分自身の家庭での個人的な問題意識に基づいて課題を設定しており、研究内容も表現できている。レベル3までは満たしていると考えられる。一方、レベル4の「自分の研究課題の学術的・社会的価値に触れて問いの意義を説明している」については、まだその基準に達していると見取ることができる記述はない。

　ただし、だからといってこの生徒の探究の進捗が遅い、というわけではない。堀川高校においては、1年次末の段階では、生徒には自分自身が興味を持っている探究テーマを探して欲しい、という観点から、「課題設定トライアル」には社会的・学問的意義について記載を求めていない。探究を始める前には、この生徒のように極めて個人的ではあるものの、自分自身の問題意識から探究課題を設定できていれば十分であり、探究を進める過程で先行研究の調査や他者からの質問やアドバイスによって自分の探究を社会的・学問的に価値付けていくような指導を行うことが想定されている。このように、この標準ルーブリックは、左から順にレベルを高めていかないと探究活動が進んでいかない、というものではない。学校での探究活動の指導計画のなかで、それぞれのレベルを高める時期を想定しておくことが重要である。

準備段階で課題は具体化しきれない

　次に「課題の具体化」の見取りについて説明していきたい。この観点は生徒が探究活動をすすめる上で、生徒のつまずきが特に見えやすいところである。授業計画の中で課題設定は探究活動のはじめに行う場合が多いが、その具体化は探究活動が深まるにつれてすすんでいく。つまり、この観点については、探究がすすんでいく過程で特に何度も評価をし、生徒にも常に意識をさせるよう指導する必要がある。

　さて、今回紹介している事例では、レベル2の徴候「○自分自身の疑問や、知りたいことを表現できている／○対象に関して、自分自身で問いを立

て、目的を定められる」は満たしているものと考えられる。同時にレベル2の「△抽象的な問いを持てたが、どうアプローチしてよいかわからないほど曖昧な問いである／△問いが曖昧で具体的に何をしたらいいかまで絞り切れない」というつまずきも見て取れる。それは、「どのような実験を行い、何を計測するのか」という項目に対する記載のうち「臭気の変化を測定する」という箇所である。実際、自分自身が用いることができる方法で臭気の測定をどのように行うのか、ということが明確でないため、このままでは具体的な実験計画を立てることができない。

　ここで指導方略のうち、「対象について知識を得させる／高校で検証できること（インフラ、安全面）を考えさせる」の二つをもとにして指導の例を考えてみる。まず、「臭気」について、原因となる物質や人の感覚などについて書籍や先行研究などを調べさせるという指導が考えられる。また、それをもとに学校にある器具や自分が実施できる手法で直接的あるいは間接的に「臭気」を測る手法を考えさせるということもできる。しかし、特に指導方略には記載がないものの、実際には課題設定の段階でこのような指導をするよりも、このまま実験計画を立てさせるのも有効である。曖昧な課題設定では、具体的な実験計画を立てたり、実際に実験をすすめたりすることは困難であり、その曖昧さを生徒自身が認識するきっかけとなるからである。実際、この生徒は授業での探究活動が終了したあとの振り返りで「すぐに問題が発生した。それは臭いを数値化することの難しさ」と述べている。

　結局、この生徒は、実験をすすめる段階で「臭気」そのものを測定可能な数値として定義することが難しいと判断し、実施可能な別の方法を考えることにした。結果、教員や指導補助をしてくれている大学院生のティーチングアシスタントのアドバイスを受け、1年次にゼミ全員で実施した、細菌を培養しコロニーを数えるという方法を用い、臭気を消臭する効果ではなく、臭いの原因物質を産生する細菌の繁殖を防ぐ効果を探ることにした。先ほどの振り返りでは、「……しかし、視点を変え、臭いの原因となる細菌に対する抗菌というテーマで最終的に足や靴の臭いに結び付けることができた」と述

べている。

　探究をする上で生徒自身が思い入れをもって探究の対象を決定することは、意欲を高めるという点でも大変重要であるが、実際に探究をすすめ、明らかにできることには、限界がある。そこで、生徒の問題意識は尊重しつつ、その問題意識に関連するような課題の設定ができるような支援をすることが大事である。今回紹介している生徒の場合は、1年次に学んだ手法を用いることができるように、具体的な探究の課題を変えることになったが、他にも理科の授業で習った手法を応用できるように課題を修正する場合もある。また、もとの課題設定のまま探究をすすめるようにする場合は、指導方略にあるように、対象、方法について調査させるとともに、他の研究分野で探究している生徒が用いている手法について友人からアドバイス（例えばアンケート調査の手法）を受ける機会を設けることも有効である。

最終段階での評価

　堀川高校では、2年次前期の終了時、探究の成果を論文にまとめる。特に、論文の序論に当たる部分を記載する際には、自分の研究の他者にとっての意義を記載するよう指導している。研究手法を参照するために読んだ先行研究の問題意識を理解したり、探究がすすみ、自分が得た結果から言えそうなことがおぼろげながら見えてきたりした段階で、改めて自分自身の課題の意義づけをしていくということである。今回紹介した生徒は、序論に「発汗等に伴うヒトの足および靴の悪臭の発生は多くの生活上の深刻な問題である。臭いの原因の一つは……ブドウ球菌と考えられている（水谷千代美ほか、2013）。しかし、実際に……どのような物質がそれぞれどれほどの抗菌効果を示すのか、……あまり明らかになってない」と記述した。

　これらの記載からルーブリックの「研究の意義づけ」レベル4の「〇研究課題に関連する先行研究が紹介されている／〇自分の研究課題が社会や学問においてどのような位置づけにあるか当該分野の話題を取り上げている」と

いう徴候を満たしているが、レベル5の「○自分の研究課題が社会や学問の進展に寄与するものであることを口頭または文章において説明できる／○研究課題に関連する先行研究との違いが明確にされている」は満たしていないためレベル4と判断される。ただし、論文等を閲覧する方法が限られる高校生にとって先行研究を調べきることは困難である点に留意したい。

　また、生徒自身が実際に実験等をすすめたことや、教員やティーチングアシスタントが、曖昧な用語を用いた際にどういう意味で用いているのか、といったことを質問したことで、用語や操作の定義の重要性に気づくことができた生徒は、論文で「抗菌とは、『細菌の繁殖を抑えること（山田忠雄ほか、2011）』と定義される。また除菌とは、『有害な細菌を取り除くこと（山田忠雄ほか、2011）』と定義される。そして、殺菌とは、『病気を起こさせる細菌を殺すこと（山田忠雄ほか、2011）』と定義される。ここで本論文では、抗菌が最も広義とし、除菌あるいは殺菌を包含するものとした」など、論文中で使う用語を定義していた。ルーブリックの「課題の具体化」の基準を確認するとレベル4の「評価が可能な目標や検証可能な問いや仮説を立てている」の徴候「○目標や仮説を、曖昧な言葉や単語を用いずに表現できている／○必要な定義がなされている」を満たしていると考えられ、探究活動のプロセスを通して、課題が具体化されたことが読み取れた。

　このように標準ルーブリックは、それだけでは適切な評価や指導につながるわけではない。進捗によって何度も同じ観点で評価をし、気づきの機会や必要なアドバイスを提供していく必要がある。

失敗を乗り越え探究力を身につける
——観点「調査計画の立案と実施」の評価

井上 孝介

　本節では「科学的探究に関する標準ルーブリック」（本章第3節参照）の開発に参画した、大阪府立天王寺高等学校の事例を紹介する。

天王寺高校での探究活動

　天王寺高校における探究活動の取り組みは変遷を続けてきた。1993年に設置した理数科40名から始まり、97年に理数科80名に拡大、2004年にはスーパーサイエンスハイスクール（SSH）の指定を受けた。その後、2011年に大阪府の政策として文理学科が設置され、課題研究の対象生徒が160名に拡大、2016年にはオール文理学科となり、学年生徒全員が課題研究を実施するカリキュラムとなった。そして、2017年度からは学年生徒360人全員が課題研究に取り組んでいる。

　現在、学校設定教科「創知」において、第1学年の「創知Ⅰ」が1単位、第2学年の「創知Ⅱ」が2単位、第3学年の「創知Ⅲ」が1単位を配置しており、課題研究の中心となるのは第2学年の「創知Ⅱ」である。指導体制は、第2学年の生徒360人を4人グループ（約90の研究班）に分け、火曜日の午後に同時展開し、約30名の教員が指導にあたる。担当教員は、第2学年団に所属する教員と理科の教員を中心に構成され、1人あたり三つの研究班を担当する。また、研究内容や生徒の状況等によっては個人研究も実施できる体制である。

探究活動の黎明期には、色ガラスづくりや花火づくりなど自由研究的な
テーマ、教員から与えられたテーマ等で実施し、SSH指定後は大学教員か
ら与えられた研究テーマ等で実施してきた。開始当初の評価については、対
象生徒が少なかったこともあり、活動記録や成果物等で評価されていた。し
かし、与えられた研究テーマによる探究活動に対する疑問、探究活動に対す
る注目度の高まり、さらには360人で課題研究を実施するカリキュラムへの
変更等が生じる中で、明確な目的や指導方法・評価方法が必要になってき
た。そんな折に、標準ルーブリック作成の提案を受け、積極的に参加するこ
とになった。

　今回も、北陸近畿圏SSH 8校が共同で開発した標準ルーブリックに照ら
しながら、部活動ならびに授業において、ムペンバ現象の再現に取り組んだ
生徒3名の研究活動の事例について紹介する。

● 研究の過程①：研究の出発と最初の挫折（高1後期）

　ある生徒の個人的な興味から化学研究部の活動として、ムペンバ現象の再
現にチャレンジすることになった。ムペンバ現象とは、冷水から氷を作成す
るよりも温水から作成したほうが早く氷ができるという現象だ。生徒たちは
当初、深く考えることもなく、ビーカー、試験管、温度計等の一般的な実験
器具を用いて、寒剤には氷と食塩を使用して温水と冷水を冷やし続けてい
た。

　実験環境や目盛りの読み方等あいまいな点も多かったが、温度変化だけは
記録をしていたので3月に開催された大学教員から助言がいただけるオーラ
ル発表に参加させた。そこで、再現性がない、実験条件が不十分、サンプル
数が少ないなど、当然の指摘を受けた。当時の生徒たちは「自分たちは間違
えていないが、何かがおかしい」程度にしか考えていなかったように思える
が、厳しい指摘を受けて、失敗だったと自覚することになった。ただ、あい
まいな実験の中にも10℃〜0℃付近の温度変化に違和感は覚えていた。

● 研究の過程②：迷走期（高２前期）

　ここで迷走期を迎える。生徒たちは学校設定教科「創知Ⅱ」においてもムペンバ現象を研究テーマに設定した。ポスター発表で指摘を受けた内容について、指導教員に相談し、改善策を講じたが失敗を繰り返した。行き詰った生徒たちは、水ではなく様々な水溶液を冷やしていく方向に進み、迷走が始まった。

　ところが、10月に行われた大阪サイエンスデイ第１部（大阪府の生徒研究発表会）で転機を迎えた。ポスター発表を聞いていた他校の高校教員から「寒剤を固体の氷ではなく液体寒剤でやってみたらどうか」と提案を受けたのである。ムペンバ現象についての課題研究の指導経験のある先生からの助言で、液体寒剤のアイデアはあったが試すことはできなかったということだった。

　これをきっかけに生徒たちは検討を重ね、飽和食塩水を冷凍庫でマイナス20℃まで冷やした液体寒剤を使用する決断をした。その結果、ようやく再現性のある結果が得られるようになり迷走期は終わった。

● 研究の過程③：データ分析の精緻化（高２後期）

　研究の方向性も定まり、軌道に乗ってきたときに事件は起こった。12月の大阪サイエンスデイ第２部のオーラル発表において、発表途中にもかかわらず「そんなグラフはおかしい」と大学教員から厳しい指摘を受けた。会場は騒然としたが、３人はなんとか発表を終えた。教員としては生徒たちが落胆していることだろうと心配をしていた。ところが、発表後に生徒たちのとった行動は、問題点を指摘した大学教員に指導助言を求めに行くことだった。

　さらに後日、その先生に来校していただき指導助言を受けた３人は、理論的な冷却曲線について学び、データを詳しく分析するようになった。そして、理論値と実験データを比較検討するようになった。また、データの分析

能力が向上した結果、高校1年時の実験で生じていた10℃〜0℃付近の温度変化についての違和感にも着目できるようになり、水の密度が関係しているのではという仮説を立てて研究を深化させた。

　2月に参加した他校で実施された研究発表会も、質問していただいた大学教員に指導助言を求め、ニュートンの冷却の法則、密度変化による対流の可能性を示唆された。その後、ニュートンの冷却曲線に関する資料を調べ、データを分析し、再現性のある4℃付近での変化を発見した。仮説が正しかったと説明がつきそうな結果が得られたところで「創知Ⅱ」（課題研究）の締め切りを迎えた。

　高校3年生になっても研究活動を継続する予定だったが、新型コロナウイルスによる休校等で追実験ができなくなった。しかし、生徒たちは休校中も文献等で研究活動を継続し、今までの研究をまとめ直し、今後の展望まで提案することができた。

標準ルーブリックを用いた評価

　第3章第4節の堀川高校の事例では、標準ルーブリックの観点「課題の設定」を中心に紹介したが、今回は「調査計画の立案と実施」を中心に標準ルーブリックに照らしてみよう。また「創知Ⅱ」課題研究としての評価対象は研究の過程②と③の途中までだが、今回は、研究全体について評価する。

　研究の過程①において、当初は闇雲に冷却をしていただけであり「レベル1」であった。指導教員の声掛けとポスター発表参加という目標を設定したことにより、「レベル2」の徴候にある「実験方法の提示、着目するパラメーターの決定」等が見受けられた。しかし、目的に合った装置の検討、どうすれば正確な検証ができるかをよく理解していなかったために、「レベル3」には到達していなかった。また、「情報収集と情報の評価」の観点においても、実験データは記録していたが、合理的なまとめができていなかったので、「レベル2」が妥当であった。そして、3月の発表後は、大学教員から得た指

導助言をもとに、指導教員と検討を重ね、研究は深化する方向に進んだ。この段階での失敗経験により自由研究から課題研究へと変容したと思われる。

研究の過程②では、「創知Ⅱ」の授業内での研究活動も始まった。開始当初は「レベル3」からスタートして順調に進んでいたが、じきに研究が行き詰ってしまった。標準ルーブリックに照らしてみると、「レベル4（先行研究等を踏まえ、妥当性のある方法を多角的に判断し、計画に取り入れている）」をめざしている過程で迷走し、目的を見失い、「レベル3」を下回るような状態に陥っていた。

研究の過程③では、10月のポスター発表での指導助言をきっかけに、目的を再確認し、実験環境や実験手法を整備することで再現性のあるデータが得られるようになり、サンプル数の増加が実現した。その後、12月にはデータの分析能力の向上、2月にはニュートンの冷却曲線を踏まえた検討等の深化を続けた。この段階で「レベル4」の徴候である「先行研究や既存の理論を参考にしつつ、調査方法の妥当性を評価しつつ選択できている」「課題解決に必要な条件・精度・具体性を意識した計画が立てられている」「既存の複数の方法を評価し、自分の研究に合った方法を選択した」「既に得られている各種データと、自らの予想に整合性があることを確認している」といった条件を満たしていた。また、「情報収集と情報の評価」の観点についても、「レベル4」の徴候である「データの提示と解釈が正確に行われている」「有効数字・測定・系統誤差の評価・再現性の検討ができている」等を満たしており、ここで「創知Ⅱ」の課題研究としては終了した。

その後の活動も含めて再評価をしてみると、「調査計画の立案と実施」の観点では「レベル5」、つまり「実践から教訓を引き出し、必要な情報や手続きを身につけて、次の計画に活かせる」ところまでは到達していないが、「情報収集と情報の評価」の観点については、「レベル5」の徴候である「データを緻密に分析し次の研究への発展または大きな発見の結論に至っている」「実験の失敗などから修正点を見いだし実験をデザインし直す」等の徴候は見受けられた。

課題研究の指導について

　ムペンバ現象については、日本氷雪学会の有志により検証実験が行われていた。学会誌『雪氷』第74巻第1号（2012年）のなかで「科学的に意味ある結果を得るのはきわめて難しい。慎重に精密実験を行っても、ムペンバ現象は、起こることもあるが、起こらないことも多く……」とあった。結果がまず出ないことは明らかであり、テーマ変更の指示を出すこともできたが、「それでもチャレンジしたい」という純粋な探究心と生徒たちの主体性を重視し、高校の実験室でも可能な実験であることから実施することになった。

　指導上で心がけたのは、「失敗経験を積ませること」「実験を制御するために実験計画を考えさせること」「自ら学ぶ態度を育成すること」「何度も研究活動のサイクルを回すこと」「生徒と共に教員も学ぶこと」等であり、今回の事例においてはおおむね達成できたと感じている。特に、生徒たちが主体的に指導助言をもらいに行けるようになったことは、課題研究の取り組みを大きく飛躍させた要因である。

　筆者は野球部監督の経験があるが、今回の課題研究の指導を振り返って、部活動の指導と類似点が多いと感じた。日々の練習（探究活動）に寄り添い、成果を練習試合（研究交流）や公式戦（研究発表会）を通じて計り、先輩やプロ（大学教員）の助言でさらに深化させる。このようにとらえると課題研究の指導を初めて行う先生方の心理的ハードルも下がるのでないかと思う。

　課題研究の指導においては、標準ルーブリックにある指導方略が大変参考になった。また、経験豊富な教員や他校の教員のアドバイス、大学教員からの指導助言等も指導方略に当てはまる。ただし、指導方略についてはタイミングが重要であることも付け加えたい。8校の担当者による標準ルーブリック作成時も大いに盛り上がったが、各校の指導方略の共有や高大連携・高大接続等により、標準ルーブリックの深化を継続することが探究型学力の育成になると筆者は思う。

生徒の変容を捉えて
支援する
——観点「情報収集と情報の評価」
「結果からの考察」の評価

森島 邦佳

　この節では、奈良県立奈良高等学校の探究活動の実践について、「標準ルーブリック」（本章第3節参照）に照らし、特に観点「情報収集と情報の評価」や「結果からの考察」にも注目しつつ報告する。

奈良高校における探究活動の取組

　本校は、1995年度より単位制を導入し、さらに、2004年度よりスーパーサイエンスハイスクール（SSH）の指定を受け、教育課程に学校設定科目として多様な「SSP（スーパーサイエンスプロジェクト）科目」を設けている。特に、2017年度からの第4期目SSH指定より取り組んでいる探究活動について説明しよう。

　まず本校は単位制であるため、全生徒が3年間を通して探究活動を重視した科目を主体的に、そして継続して選択できる教育課程を作成した。このことにより、生徒たちには科学的に探究する力を系統的に育成することができると考えた。そして具体的な目標として「困難な課題に対しても徹底的に向き合い、新たな価値を創造する力」「教科の枠を越えて、多角的・複合的な視点で事象をとらえ、課題解決に向けて専門的な知識・技能を総合的に活用していく力」等の育成を掲げた。この目標を達成するため、各学年、各教科で次のような学校設定科目を創設した。

「SSP基礎」（1年次全員履修）		
科学を学ぶ基礎的な知識、技術や興味・関心・意欲の育成		
「総合探究」（2年次のSSHコース以外全員履修） 「SSP理数A・B」（2・3年次のSSHコース全員履修）		
主体的な課題設定能力、課題解決能力、表現力、協働できる態度等の育成		
「理数探究」（3年次の理系選択者全員履修） 「Explore Subjects」（3年次の文系選択者全員履修）		
多角的、複合的な視点で課題を設定する力、問題解決を図る創造的な学習態度、さらに課題と徹底的に向き合い新たな課題を見いだそうとする意欲的な態度等の育成		

　以上のような科目を選択し、全生徒が3年間を通して探究活動に取り組んでいる。今回は、2年次のSSHコースで選択する「SSP理数A」での取組を紹介する。

● 探究の過程①：化学発光への関心

　ここで紹介する生徒たちは、2年次からSSHコースを選択し、より深く科学的な探究活動に取り組みたいという意欲を持った生徒たちである。当初は、各分野の基礎実験や実習を進めながら、生徒自らが主体的に探究活動の課題を検討してきた。その中で、ケミカルライトやルミノール検査に利用されている「化学発光」に興味を持った生徒5人が集まり、研究グループとしてスタートした。

　まず、生徒たちは「化学発光の仕組みはどのようになっているのか」という問いを立て、先行研究の調査や検証実験を繰り返すことで理解していった。その実験中に、2種類の発光剤を混合すると一方の発光しか見られないことに疑問を持ち、「各発光剤が受け取るエネルギーの量的変化が原因ではないか」という仮説を立てて、課題として取り上げることにした。つまり観点「課題の設定」レベル2（徴候「自分の興味や関心に基づいた問いを立て

られている」）からレベル３（徴候「曖昧な語を含んでいるものの、研究を通じて明らかにしたいことを目標や仮説といった形で表現できている」）へ進行したと思われる。さらに、具体的な発光剤としてペリレンとローダミン６Ｇを取り上げ、それぞれの励起波長を調べた。そして、その最適励起波長の照射によって発光する蛍光波長を測定すればエネルギーの量的変化がわかるのではないかと考えた。これはレベル４（徴候「目標や仮説を、曖昧な言葉や単語を用いずに表現できている」「検証可能な仮説を立てている」）に相当する。

この課題設定の変容に連動するような形で、観点「調査計画の立案と実施」「情報収集と情報の評価」についてもそれぞれレベル２からレベル４まで進行した。

「調査計画の立案と実施」についてはレベル２の徴候「実施しやすい条件での実験ができる」（具体例：暗室を利用した発光実験）からレベル４の徴候「先行研究や既存の理論を参考にしつつ、調査方法の妥当性を評価しつつ、選択できている（具体例：先行研究の理論を検証するため、大学の設備を使用して励起波長および蛍光波長を測定した）まで進行した。この際の指導方略については、「予想通りなら、エネルギーの量的変化を確認するために何をどう観察すればいいか」と問うことで、生徒たちは各波長の測定方法を考え出した。

また、観点「情報収集と情報の評価」については、レベル２の徴候「記録にとどまり、合理的なまとめができていない」（具体例：照度の測定によるグラフ化をしているが、その結果から考察への関連が見いだせない）からレベル４の徴候「データの提示と解釈が正確に行われている」（具体例：励起波長の測定結果から最適励起波長の照射による蛍光波長の測定、その結果からエネルギー転移の確認）へレベルアップが見られた。この背景には、指導者が「先行研究での論文との整合性を求めてみよう」と伝える指導があった。

観点「結果からの考察」では、これも各観点でのレベルアップに連動した

形で、まずはレベル２の徴候「解釈されたデータを考察でどう扱うのか分からない」（具体例：照度の測定によるグラフからは照度変化の時期や量的変化はわかっても、考察として利用できない）の状況であった。指導者からは「データの解釈について討論する」ように伝えた。やがて、生徒たちは討論していく中で、励起波長・蛍光波長の測定の意義を見いだし、先行研究について詳しく検討していった。その結果、レベル４の徴候「先行研究や既存の理論との比較の結果、進めてきた探究を振り返り、評価し、次の課題を見い出している」（具体例：ペリレンとローダミン６Ｇの関係は、ペリレンの蛍光波長とローダミン６Ｇの励起波長が重なり、ローダミン６Ｇは化学エネルギーとともに光エネルギーも受け取ることで発光した。よって２種類の発光剤を混合する場合、一方の蛍光波長のエネルギーが他方の発光剤の励起波長より大きい場合は、エネルギーの移動が起こるのではないかと考えた）という状況に進展していった。

　ここで、指導者はレベル５をめざして「さらに多面的に考察し、より発展的な課題に対する研究プロセスを考えるよう」促した。しかし、生徒たちはこの課題には既存の理論があることを確認し、それを立証できたため、「多面的な考察やより発展的な課題」へとレベルアップするモチベーションが続かなかった。そしてテーマの変更を考え出すようになり、研究に対する意欲も減退したように見える時期もあった。

　そこで、これまでの研究活動を振り返る時間をグループ内で持つことにした。研究内容を整理していく中で、以前に測定した照度の変化を示すグラフについて着目するようになった。その中で素朴な疑問として「照度が変化する原因は何か」という問いを立てるようになっていった。

● 探究の過程②：新たな疑問の登場

　新たな疑問として「照度が変化する原因」を見いだした研究グループは、まず発光剤を発光させるための化学反応に再度注目することにした。さらに、先行研究の調査にも力を入れることで、反応の際に溶媒として用いるア

ルコールに着目するようになった。やがて、「照度が小さくなる原因は、共溶媒のアルコールの種類に関係するのでは？」との問いが立てられた。そこで、指導者は、対象（アルコール）について、その構造や分類方法についての知識を得させた。その結果、生徒たちは「アルコールの級数の違いが発光の際の酸化還元反応に影響を与えるのではないか」という仮説を立てるようになった。ここで観点「課題の設定」についてはレベル3へ移行したと思われる。

これに連動する形で、観点「調査計画の立案と実施」でも、レベルが3または4に達していった。具体的には、何度も実験を繰り返し、再現性のあるデータがとれるようになった。これは、探究の過程①の経験から身についてきた技術や態度の結果だと思われる。

しかし、実験結果からは仮説が立証できず、照度の変化の原因は別に起因すると結論づけた。ここでもまた生徒たちのモチベーションは落ち込み、さらに研究発表会が近づくことで焦りも生じてきた。

そこで、指導者から「照度変化の原因として他に考えられる要因は？」と問いかけた。それと同時に観点「情報収集と情報の評価」のレベル4に向けて「これまでの実験結果を振り返り、問題点を探す」、「先行研究や周辺領域での論文について検討する」ことを推奨した。その結果、生徒たちは「照度変化の原因」についての新たな課題として次の2点を挙げるようになった。

一点目は、これまでの研究結果を振り返る中で、アルコールと水との溶解性以外に「アルコールとフタル酸ジメチルとの溶解性」についての課題を新たに見出した。二点目は、先行研究にある蛍光物質の量子収率の研究結果から「アルコールの極性について着目する」という課題を挙げた。

2月中旬に研究発表会が行われたが、そこでの発表内容は、この新たな課題を挙げたところまでのものとなってしまった。しかし、当日、生徒たちが自発的に研究発表会に来られた大学教授へ質問にいき、具体的な方策を検討しだすようになった。3年生に進級直後はコロナ禍で研究が進められない期間があったが、授業再開後は、具体的な研究計画を立てるようになっている。

生徒の成長をめざす指導

　「標準ルーブリック」を用いると、各観点における基準と徴候がわかるので、生徒の見取りがしやすい。さらに、次のレベルへの指導方略によって、何度かレベルを引き上げることができた。つまり、「標準ルーブリック」を用いた評価は、探究活動に取り組む生徒の現在地を把握しやすく、そこからの探究の質の向上とともに、指導者の指導改善にもつながっていくものと思われる。また、各観点だけを注目して評価するのではなく、それぞれの観点を連動させながら総体的に探究活動を捉えていくことが重要であることにも気づかされた。

　次に、生徒の探究活動全体を見ていくと、自らの考えや課題が新たに更新され、探究の過程が繰り返されていることがわかる。その過程で生徒たちは、本校の目標の一つでもある「多角的・複合的な視点で事象をとらえていくこと」はある程度達成できた。また、「意欲減退」や「研究への焦り」に見られた通り、「困難な課題にも徹底的に向き合う力」や「専門的な知識・技能を総合的に活用する力」などはまだ不十分である。しかし、そこから少しずつ前進して課題に向き合おうとする姿勢は徐々に見られるようになってきた。

　以上のような取組の中で、何よりも大事なのは、ルーブリックでの評価を目的化せず、「生徒の成長」を目標として掲げることであると痛感した。「生徒の成長」とは「知識・技能」「思考力・判断力・表現力」「学びに向かう態度・人間性」といった「資質・能力」の総合的な向上であるとも言える。つまり、生徒自身の成長を最優先の目標としつつ、生徒の実態に応じて探究の質をレベルアップさせながら、指導の改善を図ることが最も大事なことであると今は考えている。そして、そのためにもこの「標準ルーブリック」は大変有効な手段であると思われる。

数学的探究に関する標準ルーブリック

紀平 武宏

　ここまでの本章において紹介してきた「科学的探究に関する標準ルーブリック」は、物理・化学・生物・地学の4分野の作品を踏まえて作成したものであった。したがって、科学分野の仮説検証型の探究活動に関しては使いやすいものの、数学をテーマにした生徒の探究活動を評価しようとしたときにやや使いづらい部分があることが否めなかった。数学の探究活動は、仮説検証型とは言いがたい部分もあり、また実験によってデータを集めることができない種類の探究もあるためである。そこで、数学的探究に関する標準ルーブリックを考えることになり、滋賀県立膳所高等学校、大阪府立天王寺高等学校、京都市立堀川高等学校がまずその素案を作成することになった。その後、素案として作成したルーブリックを用いて、スーパーサイエンスハイスクール（SSH）8校が持ち寄った生徒の成果物を評価し、改善・改良をはかって作成したルーブリック（資料3-2参照）を本節では紹介する。

　この標準ルーブリックを作成するにあたり、生徒たちにとってなかなかゴールが見えづらいときにどのように教員から働きかけをするか、また研究途中であったとしてもそこまでの過程を評価できるようなルーブリックにすることを意識した。

　また、科学的探究ルーブリックと数学的探究ルーブリックのどちらを利用するかについては、例えば本校の同じ数学ゼミに所属する生徒でも実験やデータ収集による探究活動は科学的探究ルーブリックを、証明を中心とした探究活動は数学的探究ルーブリックを適用するなど、生徒の活動内容に応じ

て選択することを想定している。

数学的探究に関する評価の観点

　数学的探究に関する標準ルーブリックの観点はご覧の通り、科学的探究ルーブリックの観点とは異なっている。例えば、「調査計画の立案と実施」については、計画をたてて論証や証明をすすめようとしても必ずしもうまくいくとは限らないこと、「結果からの考察」については、もちろん探究の結果新たな課題を発見することはあるにせよ、論理的に証明ができればそれで一つの結果であることなどから、数学的探究活動に対しては当てはめづらかったからである。

　そこで、良い評価と判断した理由について言語化したところ、「独創性」がキーワードに上がった。ただし、この「独創性」についてもそもそもの着眼点が独創的なのか、証明するにあたってのアイデアが独創的なのか少なくとも 2 通り存在するのではないかと考え、独創性を含めた観点を二つ設定している。

　また、先行研究を調べ、勉強する際に議論は欠かすことができないであろうとの考えから、それに関する観点を「情報収集と議論」とした。数学的探究においても考えたことをまとめて言語化するという活動は当然重要であるといえる。毎回の授業等における教員との対話や生徒同士の対話、やりとりを通して考えがまとまっていくことを評価したい。ここで先行研究があるかないかの判断については高校生が一般的に調べることができる範囲でということを想定している。

　「証明方法の方針の立案と実施」および「証明の論理性・独創性」におけるレベル 1 に該当する基準を設けていないのは、そもそも問いが出せていない段階で証明について考えることはできないと考えたためである。

資料3-2　数学的探究に関する標準ルーブリック

観点（上段）→ 「本質的な問い」（下段） 基準（上段）↓ 徴候（下段）↓	問いの設定の妥当性・独創性 よい数学的な問いとは何か?	情報収集と議論 （先行研究あり） どこまでが既知でどこからが未知なのか?
	子どもたちの到達点を判断する主な評価資料：実験ノート（振り返りノート）・ポートフォリオ・検討会でのやりと	
5 基準 課題研究の質が特別優れているレベル	周囲を納得させる研究の価値（個人の価値を超えたもの）を説明できる。見通しがあり、検証できる絞り込んだ問いを立てられている	先行研究を理解し、活用することで新たな知見を生み出し、大きな発見につながった。（議論が十分になされ、創造的な発見につながっている）
徴候 一連の探究の手続きを理解し、省察をしながら次の段階を視野に入れて探究活動を行っている	○研究成果が社会や学問の進進に寄与するものである ○従来の学説や経験、これまでの研究成果を踏まえて証明可能な問いが立てられている	○研究が独創性のある大きな発見につながるものとなっている。（議論が繰り返しなされ、明らかに大きく研究が進んでいくことが分かる）
指導方略	・検証可能な学術的価値や社会的価値のある研究であるかを説明させる	・先行研究と関連した研究があればその研究との比較、新規性について常に考えさせ議論させる
4 基準 課題研究の質が十分に満足できるレベル	他者に研究の価値を説明できる。見通しのある問いを立てられる。研究の動機・目的が明確である	先行研究を調べ、その内容を理解し、自らの研究に発展的に活かしている。議論がよくなされている
徴候 探究の手続きや一連の流れを理解しつつ、自分の活動を評価しながら探究活動を行っている	○自分の研究課題が社会や学問の進進にどう寄与するかを考えている ○自分の知識や経験をもとに証明可能であるような問いが立てられている	○先行研究の内容を理解しこの内容を正確に活用することで自らの研究を発展させている（議論ができており、研究内容が大きく進展した）
指導方略	・研究テーマの意義と価値を説明させる	・先行研究や別領域（周辺領域）での論文との整合性を求めるよう指導する ・新規性・有効性・信頼性を意識し研究する中で関連する領域の内容についても考えるように指示する
3 基準 課題研究の質が満足できるレベル	研究の価値を個人レベルで理解している。研究の動機・目的が明確である	先行研究を調べ、その内容を理解し、研究に活かしている。議論ができている
徴候 個々の探究の手続きを理解して探究活動を行っている	○自分の研究課題の意義に自覚的である ○問いが具体的である（研究の目的・動機がはっきり示されている）	○先行研究を調べ、その内容を理解し、研究に活かしている（議論ができており、研究内容に深まりがある）
指導方略	・研究テーマから社会的価値が見出せるか考えさせる（議論させる） ・新規性のある問いを探させる ・研究の目的・動機を振り返らせる	・先行研究とその関連内容についての理解を求める ・先行研究を調べて新規性があるかを調べるように指示する ・学術書や学術論文を読むように指示する
2 基準 課題研究の質がやや改善を要するレベル	研究の価値は十分に理解していないが、問いを立てることができている	先行研究を調べるにとどまっている。（議論が不十分である）
徴候 個々の探究の手続きを意識して探究活動を行っている	○自分の興味や関心に基づいた抽象的な問いは立てられた △具体的にどういう結果が得られたら、その問いに答えたことになるかが不明瞭である △研究の目的・動機が示されていない	○先行研究を調べた △先行研究と問いとの関連が見えていない（話し合いはできているがそのことで、内容に深まりが見られない）
指導方略	・生徒を見守る（待つ） ・生徒同士で話し合わせることで共通の興味を引き出す ・どんな疑問でもいいのでできるだけ書きあげさせる ・研究者の話を聞かせる	・興味のある内容で文献や論文を調べさせる ・発表会や先輩の研究からヒントを見つけさせる ・社会性、話題性のあるものからキーワードを探させる
1 基準 課題研究の質が大幅な改善を要するレベル	問いを出せない	先行研究を調べていない。（議論ができていない）
徴候 探究の手続きがわからず、探究を進められない	○単語レベルのテーマがある △何を対象としてよいかわからない △何をしてよいかわからない △抽象的 △したいことがない △調べる対象が広すぎる	△研究の手続きがとれていない（議論ができていないので個人の考えとなっている）

SSH連絡会主催「探究型学力高大接続シンポジウム」（2019年7月28日）2020年5月29日改訂

（先行研究なし）	証明方法の方針の立案と実施	証明の論理性・独創性
	証明の核はなにか?	

り・行動観察・論文・ポスター　等

（先行研究なし）	証明方法の方針の立案と実施	証明の論理性・独創性
発展させた研究内容から新たな知見を生み出し大きな発見につながった（議論が十分になされ、創造的な発見につながっている）	証明の取組から必要な知識や手法を自ら発見し、証明に活かせる	論理的な証明ができておりかつ独創的な発想で証明できている
○先行研究がないことを明らかにし、自分（たち）で考えた研究内容を分析し発展させ、大きな発見に至っている（議論している）	○現状で知識や理解不足があったとき、自ら情報を収集し、自らのアイデアで証明できている ○取組のなかでこれまでの内容を振り返り計画的に筋道を立てて証明に至っている	○示された証明から、他への波及効果のある新しい価値への提案ができている
	・新規性のあるアイデアを常に考えるよう指導する	・先行研究と比較したうえで、証明の独創性について説明させる ・証明した（定理）内容が他の事柄とどのように関連し新しい価値を見出しているか説明させる ・有識者による査読
自分（たち）で考え研究を発展させている。議論がよくなされている	目的を明確にした方針を立て、見通しをもって証明をきれいにデザインできる	論理的な証明ができている。
○先行研究がないことを明らかにし、自分（たち）で考えた研究内容を分析し発展させている。議論している	○証明するために必要な補題や事柄を、道筋をつけて考えている	○結論へと至る論理的な思考がよくなされている ○先行研究や既存の理論との比較がなされている
	・証明に必要と考えられるすべての事柄を整理させる	・証明の道筋を一つずつ確認させる
先行研究がないことを明らかにし、自分（たち）で考え研究を行っている。議論ができている	証明の不十分な点に自ら気づき、証明方針を変更できる	証明に論理的な飛躍がある
○先行研究がないことを明らかにしている ○自分（たち）で考え研究を行う活動の過程がわかる	○自ら証明方法の誤りに気づき改善に取り組んでいる	○結論へと至る論理的な思考ができている
・先行研究を調べさせる。国立国会図書館、CiNii-NII、GoogleScholar などの利用 ・教員、研究者に尋ねさせる	・証明方法を説明させ、不明瞭な点を質問する ・証明に必要なすべてのプロセスを把握させる ・証明の大まかな道筋を考えさせる	
	証明の方針は立てているが、証明方法が不十分なまま取り組んでいる	
	△証明の道筋を十分に考えていない △このことが示せればよいという確信がない △結論へと至る論理が、根拠がなく不十分である	
	・問いを出してから証明方法の方針を考える	・問いを出してから証明のアプローチを考える

問いの設定、課題設定について

　問いの設定、課題設定について生徒のつまずきがみられるという点についてはもちろん数学的探究においても例外ではない。数学においてこれを困難にしている理由の一つは考えた課題が一見簡単そうに見えても、実際に証明することは容易ではないということが多々起こり得る点にある。

　そこで、設定した課題が直接解決できなかったとしても条件をしぼったり、具体例を計算してみたりして、試行錯誤を繰り返すことを促したい。そのためにも、研究の動機や目的がはっきりしているか、そして自らの言葉で語ることができるかを見取れる観点を含めた。

ルーブリックの課題と今後に向けて

　本ルーブリックについて、一定の形にはまとめているものの、まだまだ改善の余地が多く残っていることは認識している。指導方略についていえば具体的にどうするかが明確に書かれているわけではないし、徴候についてもレベルの違いが分かりにくい個所もある。また、そもそもこのルーブリックではレベル5で要求している基準が高く、レベル4であっても十分な探究活動をすすめていると考えてよいであろう。実際、レベル5の徴候に示している「大きな発見」かどうかはすぐに分かることではなく、しばらくたってからしか判断できないのではないかといった指摘や、「証明の論理性・独創性」において証明のアイデアが独創的でなくても論理的に矛盾なく導かれていれば十分ではないかといった指摘もいただいている。

　それでも、生徒たちには現状に満足することなくより高いレベルを要求すべきであるという観点から、今回はこのルーブリックを提示している。

数学的探究における指導と評価

西村 直樹

　本節では滋賀県立膳所高等学校2年理数科の課題研究で行った実践について、前節で紹介された「数学的探究に関する標準ルーブリック」（以下、数学ルーブリック）に照らしながら報告したい。

理数科「課題研究」の概要

　本校は2006年度よりスーパーサイエンスハイスクール（SSH）の指定を受け、カリキュラム開発の一つとして教育課程に学校設定教科として「探究」を設置し、科目として普通科に「探究」、理数科に「探究S」を設けて1学年から3学年までを通して探究活動を行っている。この教科「探究」とは、「総合的な探究の時間」と「情報」とを融合し一連の探究活動の過程を体験・学習するプログラムである。

　理数科は1997年に設置され、この学年の生徒から「課題研究」を行っている。現在、本校の課題研究で「生徒に育成したい能力」は①（協同）課題設定能力、②問題解決能力、③プレゼンテーション・ディスカッション能力、さらに日本語と英語の科学論述力である。

　「課題研究」の特徴は次の通りである。

① 生徒自らがグループのメンバーと協力しながら課題を設定する
② 各班には担当教員が少なくとも1人、各分野に全体の評価指導者1名を設けて

いる

③ 研究は粘り強く最後まで諦めずに行うことと研究成果よりも研究のプロセスを
  大切にしている

④ 発表会（年間5回実施）ごとにルーブリックを用いて評価シート作成し、生徒、
  教員、外部審査員によって評価を行い生徒にフィードバックしている

　また、「課題研究」は、おおよそ次のように展開する。まず生徒が取り組
みたい分野（物理、化学、生物、地学、数学〈情報〉）を選び、その分野別
に理数科1クラス40名の生徒を3人から4人のグループに分ける。その後、
自分たちで研究テーマを設定し、研究の方向性を試行錯誤しながら決定して
いく。いろいろやってみて失敗の中から、研究テーマ自体が変わることもあ
るが、このこと自体大切な経験だと捉えている。そのため1学期間の時間を
かけて研究テーマの設定を行っている。

　1学期末には「テーマ発表会」を行い、3年生の先輩や同学年の生徒、教
員からの質問や意見をもとに今後の研究内容を担当者と話し合い、夏休み
以降の研究方針を立てている。夏休みには10時間以上の実習時間を設定し、
大学等の外部機関での実験・実習に対応できるようにしている。また、SSH
生徒研究発表会に1、2年理数科の生徒全員が参加することで研究レベルの
向上を図っている。さらに、先行研究を調査し、研究論文や学術書、関連書
籍等をじっくりと読むことにより、研究が大きく進むこととなる。

　さらに、2学期には口頭発表の形式による「中間発表会」を、9月末から
10月上旬の間には日本語で、11月には英語で行っている。これにより、研
究の進展と英語による発表と表現のスキルアップを図っている。この発表会
では審査員、指導助言者として本校教員の他に大学教員、外国人指導助手の
先生方を招いている。

　3学期には1月に「審査発表会」を行い、2月中旬に行う「課題研究発表
会」において口頭発表を行う三つの班を選出している。この「課題研究発表
会」は1、2年生の生徒や県内外の大学、高校教員等に対して、1年間の研

究成果を発表できる絶好の機会となっている。このように1年間を通して、5回の発表会を行っているが、各発表会が生徒の研究を次の研究レベルへと引き上げる指導方略の役割を果たしているといえる。また、生徒の課題研究のレベルに合わせて、いろいろな先生方から修正点や伸長すべき点などの意見をいただくことが生徒の意欲を高めていることは言うまでもない。

数学の課題研究

　課題研究が始まった当初、数学の課題研究は見られなかった。第10期生が2007年度に行った「三井寺の算額の研究〜図形問題に焦点をあてて〜」が最初の数学の課題研究であった。その後、生徒の研究テーマの希望により数学の班の数は1班もしくは2班であったが、2015年度からは2班が定着している。

　数学の課題研究は問いが立てられれば研究は半ば終わったと言っていいほど問いを立てることが重要であり、難しい。それは、簡単そうな題材であっても、掘り下げて研究していくと実は難問であったということが往々にしてあるからである。信じて突き進むのか、またはもう一度振り出しに戻って新しい問いを見つけていくのか、何度も何度も試行錯誤を繰り返す中でようやく問いらしきものが見えてくる。このような数学の課題研究のもつ特性から、特に「問いの設定」について述べたいと思う。

　ここで注意すべきことは、本質的な問いを立てるときに数学ルーブリックの観点「情報収集と議論」や「証明方法の方針の立案と実施」「証明の論理性・独創性」はすべてが絡み合い、どの観点も重要な要素となっていることを押さえておきたい。

　「問いの設定」は生徒たちが自ら興味のある内容で互いに議論を重ね、問いを絞り込んでいくことが重要である。なぜなら、教師がテーマを与えてしまうと、もはやその研究は生徒の研究ではなくなり、生徒の主体性や好奇心を奪うことになる。この傾向は研究が進んでいけばいくほど顕著に表れてく

る。だから、教師は寄り添って、我慢して見守ることが大切である。このことを痛感した実践事例二つを紹介する。

【事例1】「籠目編みに見る非ユークリッド幾何学」の研究について

　4月当初、4人の班員のそれぞれがやってみたいテーマ（ここではキーワード）を持ち寄り、一つひとつ丁寧にテーマになりうるかどうかを考えて議論を重ねた。話が煮詰まってきたときに、1人の生徒が「セパタクロー」という競技で利用されている籐製のボールを研究してみてはどうかと提案した。これはおもしろそうだと、とりあえずやってみようということで、ポリプロピレンテープ（PPテープ）を大量に購入し、籠目編みという編み方でいろいろな立体図形を作り始めた。最初は簡単なものを作るのにも手間取っていたが、慣れてくると数分で編み上げられるようになっていた。こうなってくるとしめたもので、班員たちはこの図形に興味と愛着がわき、探究心があふれてきた。この段階で「グラフ理論などの関連する先行研究を調べてみてはどうか」などのアドバイスを行うと生徒はグラフ理論を学んだ。この指導方略と生徒の好奇心が数学ルーブリックのレベル2からレベル3に押し上げた。

　さらに、数学の有識者を招いて、この図形を数学的に定義すること、万人にわかるように伝えることの大切さなどのアドバイスをいただいたことで研究の論理的な枠組みがしっかりとしたものとなった。これらのプロセスを経て、生徒たちは研究の動機、目的を再認識し、先行研究と照らしながら新規性のある問いについて議論がなされ、研究が加速していった。このときレベル4かそれ以上のレベルに到達していた。組紐図形を「幅のある紐を上下が入れ替わるように組んでいったもの」と定義し、さらに面の曲がり具合を「曲度」という値で定義して組紐立体図形全体では常にその値が一定であるという「曲度の定理」を発見し、さらに組紐立体図形の部分に注目することで、部分においても成り立つ「部分曲度の定理」を発見した。

　さらに、彼らは新しい問いを見つけ、一般的な曲度の概念から多面体で成

り立ついくつかの定理を導けることや「一筆組紐立体の定理」など新規性のある定理をいくつか発見した。もしも、最初に教員がテーマを提示していたら、ここまでの発展的な成果と生徒の課題研究への取組の充実感は期待できなかったであろう。また、生徒間、生徒・教員間での議論を行うことが非常に重要であったことも付け加えたい。

【事例2】「じゃんけんゲーム『グリコ』の考察」の研究について

　この研究は早い段階から班員4人の話し合いでゲームというキーワードが出ていた。ゲームといえばゲーム理論という理論があるというところまでは話が早かった。そこから、ゲーム理論を用いて研究する対象にはできるだけわかりやすく、身近であるものがよいだろうということで、じゃんけんゲーム「グリコ」について研究することになった。

　数学の4人のグループは自分たちの特性を活かした研究を行った。リーダーシップと数学的センスのある者、難解な数学の理解にたけた者、プログラミングが得意な者、研究内容をまとめる力がある者、これら4人がそれぞれに力を発揮し協力したことで、研究が早く進んだ。このことで、次々と新たな問いを見いだしていった。すでに、先行研究から2人の場合のゲーム理論を利用した「グリコ」の研究については知られていたので、この場合を検証しつつ、3人以上の場合について研究を行った。ゲーム理論の理解を深めるため、ゲーム理論について大学の先生から講義をしていただいた。また、生徒たちはゲーム理論に関する書籍を読んでその理解に努めた。

　ゲーム理論では「ナッシュ（Nash）均衡」（全員が自分以外のプレイヤーの戦略に対し、最も高い期待利得が得られる戦略をとっている理論上のゲームの解）が重要な役割を果たしている。生徒たちは自分の期待利得を高めるための戦略の変更だけを行うプレイヤーたちが「グリコ」ゲームを行ったときの現象をシミュレーションすることに成功し、ある条件下でNash均衡の再現を実現した。さらに、非対称なNash均衡は存在しないことや2人の場合にシミュレーションをどの点から始めてもNash均衡点に収束することを

証明した。

実践事例から得られる教訓

　教員はレベル1からレベル2に向かうときに生徒を見守り、生徒たちをよく観察し、生徒の特性と役割を把握して、生徒が内発的に楽しんで課題研究を行える環境をつくることが大切である。また、数学ルーブリックには記していないが、特に研究内容が高度になってきたときには「専門家の助言を得る」ことが重要である。さらに「研究内容の見える化」「研究内容のモデル化」をするように促す指導方略があらゆる場面で重要であるといえる。このことは生徒相互の研究理解の深化につながると同時に他者に対しても自分たちの研究内容を理解してもらいやすくなることで、伝える喜びが研究意欲を増大させる。

　そして、注意してもらいたいことはルーブリックのレベル5に向かう指導方略に「社会的価値」という記述があるが、最初から社会的価値（役に立つ研究）を求めて研究すると視野の狭い研究内容になってしまう恐れがあるということである。アルベルト・アインシュタインの言葉をかりると「好奇心と想像力から発見された『役に立たない』科学こそ、私たちの生活に『役に立つ』革新をもたらす」[1]という言葉を十分理解したうえで、社会的価値のある研究を行うことを目的化せず、生徒にとって価値のある面白いと思える研究を行うことが、やがて本物の研究の価値につながることを指導したい。最後に、この数学ルーブリックを参考にして生徒の実態に合ったルーブリックの作成をお勧めしたい。そのことが、生徒および教師も成長させる最善の指導方略につながる。

〈注〉
(1) プリンストン高等研究所初代所長エイブラハム・フレクスナーと現所長ロベルト・ダイクラーフによる著書『「役に立たない」科学が役に立つ』東京大学出版会、2020年から引用。

　高等学校における「探究的な学習」の指導と評価に関する研究に携わり始めたのは、大学院の修士課程に入ってからのことであった。最初のきっかけは、共編著者の西岡教授に誘われ、滋賀県立膳所高等学校が座長を務めた「世界にはばたく人材育成のためのSSHプログラム」にオブザーバーとして参加させていただいたことである。小池充弘先生や飯澤功先生などSSH校で長く課題研究に携わり実践を積み重ねてきた高等学校の先生方、東京大学の大島まり先生、大阪教育大学の仲矢史雄先生などのその道の専門家たちの中で揉まれつつ右も左もわからずに、ただ一生懸命に学んだことを今でも覚えている。

　その会議に向かう最中に出会ったのが当時、富山県立富山中部高等学校（以下、富山中部高校）で研究部長をしておられた仲井美喜子先生であった。そこから、砂田麻理先生との富山中部高校のルーブリックの開発やセルフ・アセスメントを生かした取り組みに関する共同研究が始まる。富山中部高校では長期的ルーブリックや検討会、自己評価など当時から先進的な取り組みが行われ、私自身、その実践から多くのことを吸収させていただいた。

　博士後期課程に進学する頃、SSH校では科学的探究力をどのように評価するかということが一つの検討課題となってきた。そこで日本科学技術振興機構（JST）の塩澤幸雄先生と山田裕二先生、大阪教育大学附属高等学校天王寺校舎の森中敏行先生や河田良子先生らの協力のもとで、西岡教授、石井英真准教授、仲矢先生、福嶋祐貴氏と「SSH 秋の情報交換会」を開催し、生徒の実態に即した課題研究の指導と評価を行うためのワークショップを実施した。その後、森中先生や河田先生、仲矢先生とは、課題評価研究会を共同で主催し、課題研究の指導と評価を多様な側面から考える機会をいただいた。

　現在の勤務校への就職と前後して、学習指導要領改訂や主体的・対話的で深い学びの推進、大学入試改革など後期中等教育に関わる改革が進められた。その折りに、小池先生と飯沢先生から西岡教授宛に標準ルーブリック開発に向けたSSHの8校会議との共同研究の依頼があり、探究型学力高大接続研究会が発足し、私も3年間にわたりアドバイザーとして参加させてい

だいた。幹事校の労を担ってくれた大阪府立天王寺高等学校の井上孝介先生、奈良県立奈良高等学校の森島邦佳先生、兵庫県立神戸高等学校の繁戸克彦先生のご協力もあり、2020年に京都市立堀川高等学校で行われたルーブリックの発表にまで漕ぎ着けることができた。

　また、科学的探究に関する知見を深める上で兵庫県立尼崎小田高等学校（以下、尼崎小田高校）との共同研究も非常に重要な機会となった。石井義丈先生や秋山衛先生をはじめ、尼崎小田高校の先生方からは指導の実際を懇切丁寧に教えていただいた。特に、尼崎小田高校で一つの班を継続的に調査させていただき、生徒が探究をやり遂げ、自ら大学進学へ向けて進路を切り拓いていく場面に立ち会えたことは、今でも高等学校における探究の目標の固有性や指導と評価の実際を検討する上で一つの原動力となっている。

　冒頭で記したように、新型コロナウイルス感染症やSciety5.0など社会の変化は著しく、そのような社会を生きる生徒には専門家として、市民として課題解決や意思決定できるだけの資質・能力を養うことが求められている。その中で、学習指導要領改訂を経て、入試改革など様々な教育改革が行われているが、高等学校はまさにその改革の渦中にあるといえる。

　社会や教育が激しく変化する中で、本書に執筆された先生方は生徒と向き合い、苦心しながら忙しい中で日々優れた実践を生み出している。第1章で取り上げた本書の理論についても、上述の先生方をはじめ、第2章・第3章を執筆していただいた先生方の優れた教育のやり方そのものから学び、理論と実践を往還しつつ、練り直すことでようやく一つの形になったものである。しかしながら、本書の理論や実践はまだ研究の途に着いたばかりであり、私達の力不足により不十分な点も残されている。読者には忌憚のない御批正をいただくとともに、これから更に険しい山に挑む先生方にささやかではあるが、手がかりとなればと感じている次第である。

　　2023年3月　　　　　　　　　　　　　　　　　　　大貫　守

編著者紹介

西岡 加名恵 (にしおか　かなえ)

京都大学大学院教育学研究科教授

1995年、京都大学大学院教育学研究科修士課程修了。1998年、イギリス・バーミンガム大学にてPh.D（Ed.）を取得。鳴門教育大学講師等を経て、2017年より現職。専門は教育方法学（カリキュラム論、教育評価論）。

著書に『教科と総合学習のカリキュラム設計——パフォーマンス評価をどう活かすか』（単著、図書文化、2016年）、『高等学校 教科と探究の新しい学習評価——観点別評価とパフォーマンス評価実践事例集』（編著、学事出版、2020年）など多数。

大貫 守 (おおぬき　まもる)

愛知県立大学教育福祉学部准教授

2018年、京都大学大学院教育学研究科博士後期課程研究指導認定退学。2020年に京都大学大学院教育学研究科にて博士（教育学）を取得。2018年、愛知県立大学教育福祉学部講師を経て、2020年より現職。専門は教育方法学（カリキュラム論）。

著書に『アメリカにおける科学教育カリキュラムの変遷——科学的探究から科学的実践への展開』（単著、日本標準、2023年）。

執筆者一覧
（執筆順）

■ 西岡 加名恵
編者、はじめに、
第1章第1、6、8節、
第2章プロローグ、第3章第2節

■ 大貫 守
編者、第1章プロローグ、
第1章第2、3、7節、
第3章プロローグ、おわりに

■ 鎌田 祥輝
［京都大学大学院教育学研究科（大学院生）・日本学術振興会特別研究員］
第1章第4節

■ 福嶋 祐貴
［京都教育大学大学院連合教職実践研究科講師］
第1章第5節

■ 小笠原 成章
［広島県立広島高等学校教諭］
第2章第1節

■ 渡邉 久暢
［福井県立藤島高等学校教頭］
第2章第2節

■ 佐藤 哲也
［高松第一高等学校教諭］
第2章第3節

■ 望月 未希
［東京都立王子総合高等学校教諭］
第2章第4節

■ 福田 秀志
［兵庫県立尼崎小田高等学校教諭］
第2章第5節

■ 秋山 衛
［兵庫県立尼崎小田高等学校教諭］
第2章第6節

■ 井上 貴司
［山陽学園中学校・高等学校教諭］
第2章第7節

■ 田中 容子
［京都大学大学院教育学研究科特任教授］
第2章第8節

■ 小池 充弘
［滋賀県立高島高等学校教諭］
第3章第1節

■ 飯澤 功
［京都市立堀川高等学校教諭］
第3章第3、4節

■ 井上 孝介
［大阪府立天王寺高等学校教諭］
第3章第5節

■ 森島 邦佳
［奈良県立奈良高等学校教諭］
第3章第6節

■ 紀平 武宏
［京都市立堀川高等学校教諭］
第3章第7節

■ 西村 直樹
［滋賀県立膳所高等学校教諭］
第3章第8節

※所属等は2023年3月時点

高等学校 「探究的な学習」の評価

—ポートフォリオ、検討会、ルーブリックの活用—

2023年3月31日 初版第1刷発行

編著者 —— 西岡 加名恵＋大貫 守

発行人 —— 安部 英行

発行所 —— 学事出版株式会社

〒101-0051 東京都千代田区神田神保町1-2-5
☎03-3518-9655
HPアドレス https://www.gakuji.co.jp

編集担当 —— 二井　豪
デザイン —— 細川 理恵
印刷・製本 —— 電算印刷株式会社